言い訳
関東芸人はなぜM-1で勝てないのか

ナイツ 塙 宣之
Hanawa Nobuyuki
聞き手 中村 計
Nakamura Kei

a pilot of wisdom

もくじ

第三章　「自分」ヤホー漫才誕生秘話

第四章　「逆襲」不可能を可能にした非関西系のアンタ、サンド、パンク――119

第五章　「挑戦」　吉本流への道場破り

第六章　「革命」南キャンは子守唄、オードリーはジャズ――195

プロローグ「僕が霜降り明星を選んだワケ」

えぐいくらい、悩みました。霜降り明星か、和牛か。

二〇一八年一二月二日、僕は『M－1グランプリ』決勝の審査員席に座っていました。最終決戦は、霜降り明星、和牛、ジャルジャル三組の争いとなりました。

審査員は全七名です。席には、三組のボタンが用意されていました。三組のネタが終わってから数分の間に、どれを押すか決めなければなりません。

最初は、膨大な情報を一気に処理しようとしたせいか、頭がフリーズしかけました。でも、脳が再びスムーズに動き始めたときは、あんなに悩んだことが嘘《うそ》のように、すんなりと答えが出ていました。霜降り明星だな、と。

結果的には、霜降り明星四票、和牛三票で、霜降り明星が史上最年少で王者となりました。ボケのせいや君が二六歳、ツッコミの粗品君が二五歳でした。

霜降りに入れた四人のうち、誰かが和牛に投票していたら、歴史は変わっていました。二組の今後の人生も変わっていたことでしょう。

でも今も、まったく後悔はしていません。やはり二〇一八年は、霜降り明星がM－1王者にもっともふさわしかったと思います。

なぜ、霜降りを選んだのか。発想力で言えばジャルジャル、うまさで言えば和牛のほうが格段に上です。でも、霜降り明星には、上手《うま》い下手だけでは語れない、芸人としての強さがありました。

強さ――。

非常に曖昧な表現で恐縮なのですが、芸人を見ていると、そうとしか表現しようのない何かを感じることがあります。

なぜ、僕がそこにこだわるかというと、僕にないものだからです。欲しくて仕方なかったけど、最近、わかりました。未来永劫《えいごう》、僕には手に入れることはできない。でも、だから、より敏感に感じ取ってしまうのかもしれません。

大学を卒業し、僕は二〇〇一年、大学の一年後輩の土屋伸之《のぶゆき》とナイツを結成しました。

それから約二〇年が経《た》ちました。二〇周年を記念して、本を出そうと思ったわけではありません。たまたまです。

僕は、ただ、吐き出したいだけなのだと思います。この二〇年、いや、小学四年生のとき、幼稚園でウンコを漏らした話をタネに『ウンコの歌』を作って「お笑いデビュー」してからというもの（このことは改めてどこかで触れます）、目が覚めている間中、考え続けてきたことを。何を考え続けてきたか。

どうしたらウケるか。

この一点です。僕はそこだけに生きる意味を見出《みいだ》し、そのお陰で、日本人に生まれた以上、平等に訪れるだろういくつかの人生の山を乗り越えることができました。

ただ、自分では、それが才能だという自覚はありません。どちらかというと、一種の病なのだと思います。「笑い脳」という。脳に酸素を送り込むために、どうしたら人を笑わせることができるかを常に考えていなければならない。他の芸人を見ていても、ときどき感じることがあります。この人も「笑い脳」にかかってるんだな、と。

そんな病気持ちゆえ、ここ数年、脳が完全に容量オーバーになってしまいました。もう限界なのです。ある程度、アウトプットしないと、新しいデータを入れるスペースがない。

話は変わりますが、二〇一八年八月から九月にかけ、集英社新書プラスというWEB媒体で三回にわたって『関東芸人はなぜM－1で勝てないのか?』というインタビュー記事を掲載してもらいました。これが思いの外、はねたそうです。

僕もいろんな人に「あれはおもしろかった」とお褒めの言葉をいただきました。中には、あの記事を読んで、「おまえも、けっこう考えてんだな」と言われたこともありました。失礼な。「けっこう」どころか、それしか考えてこなかったのです。

記事が好評だったことで、このような本の依頼が舞い込みました。「ちょうどいいや」と思いました。吐き出すいい機会だ、と。

笑いは語るものではないと言う芸人もいますが、そう言っている時点でもう語っていますから。僕はむしろ、この場を借りて、大いに語ろうと思います。

基本的には、好評だった『関東芸人はなぜ……』を深掘りした内容にしようと思っています。

M－1が始まったのは二〇〇一年です。僕らがナイツを結成して間もないときでした。

当時はまだ、『R－1ぐらんぷり』（二〇〇二年～）や『キングオブコント』（二〇〇八年～）などのコンテストもなかったし、『エンタの神様』（二〇〇三～一〇年）や『爆笑レッドカーペット』（二〇〇七～一〇年）のようなネタ番組もありませんでした。若手芸人が目立てる舞台がM－1しかなかったのです。

だから、むっちゃテンションが上がりました。全員がよーいドンで勝負できる舞台ができたのだ、と。

第一回大会のときは、僕も含めて、参加者のほとんどが自分たちがどのぐらいおもしろいかわかっていませんでした。でも、自信だけはあった。全員がすぐにでも決勝に行くつもりでいたと思うんです。

ただ、全国の若手芸人がこの大会に殺到したので、最初からレベルが高かったし、そのレベルも年々、上がっていきました。

第一回大会は一六〇三組が出場しました。以降、回を重ねるごとに参加者が増加していきました。第四回大会で二六一七組と一気に二〇〇〇の大台を突破し、翌年の第五回は三三七八組、その翌々年の第七回は四二三九組。ここで初めて夏の高校野球の地方大会参加校数を超えました。第一〇回大会の四八三五組がピークでした。以降は三〇〇〇組台に落ちたこともありましたが、ここ二年はまた四〇〇〇組を超えています。

ナイツは第一回大会からエントリーしていますが、二、三回も出場すると、勝ち進み具合で、俺らは今、八〇〇位くらいだなとか、いや、一〇〇〇位くらいだなということが肌感覚でわかってきます。地方大会の二、三回戦で負けるレベルです。

ウケているコンビを見て、自分たちはまだまだこのレベルにはいってないなとつくづく実感しました。

僕らは決勝に進むまで結局、八年かかりました。

でも、M－1に出続けたことで自分たちの実力もわかったし、「浅草の星」というキャッチフレーズも生まれました。

極端な話、M－1がなかったら芸人を辞めていたかもしれません。M－1のお陰で、モチベーションを維持できたし、新しいネタも作ることができました。そういう意味でも、僕の芸人人生の前半は、M－1とともにあったと言っても過言ではありません。

でも、そう言えるのは、二〇一〇年までです。M－1ファンならご存じのように、M－

1は第一〇回大会を迎えた二〇一〇年、その歴史にいったん幕を下ろしました。そして四年のブランクを経て、二〇一五年に復活しました。

この本でM－1を語るとき、第一期（二〇〇一～一〇年）と第二期（二〇一五年～）に分けたいと思います。というのも、第一期と第二期は、僕の中では、別の大会だからです。

最大の違いは第一期の出場資格が結成一〇年以内だったのに対し、第二期は出場資格が結成一五年以内に変更になったことです。

おいおい話していきますが、それによって大会の性格が変わってしまった部分があります。

僕らのM－1での戦績をざっとお話ししておきます。

〈第一期〉

〇一年　……二回戦
〇二～〇六年……三回戦
〇七年　……準決勝

○八～一○年……決勝

〈第二期〉

一五年　　……準決勝

決勝に初出場した○八年は、唯一、最終決戦まで残りました。

M－1決勝は、第一ラウンドでまず全グループが漫才を披露します。各審査員の合計点が、そのグループの得点となります。そして、上位三組が最終決戦に進み、もう一本、ネタを見せます。最後は、審査員得票がもっとも多かったグループが優勝します。

ただし、その○八年の最終決戦では、全七票中一票も入らずに三位でした。

M－1は僕にとってトラウマ以外の何物でもありません。M－1決勝で計四本、ネタを披露したのですが、一度も「ウケた」という感触がなかったからです。

どうしたらウケるかだけを考え続けてきた僕にとって、これは全否定に等しい結果でした。予選ではどっかんどっかんウケていたのですが……。

いずれの大会動画も未《いま》だに観《み》たことがありません。僕の人生における最大の恥部だけに、恥ずかしくて、怖くて観ることができないのです。

だから、ずっと、ずっと、考えてきました。どうやったらM－1の決勝でウケるのだろう、と。もう出られないのですが、今もつい考えてしまいます。それを考えることは、僕にとってどう生きるかという問題とほぼ同義なのです。

前置きが長くなりましたが、そろそろ、本編に入りたいと思います。

もう一つ、最初に言っておきたいことがあります。この本は、ぶっちゃけ、言い訳です。ナイツがM－1で優勝していたら、何を言ってもカッコいいのですが、そうではない。おまえが偉そうに何を言っているんだという話です。

もっと言えば、負け惜しみです。青春時代、恋焦がれたM－1に振られた男が腹いせで本を書いているくらいに思っていただければ幸いです。

では、言い訳を始めます。

第一章　「王国」大阪は漫才界のブラジル

Q1　M－1は「しゃべくり漫才」が強いという印象があります

のっけからこんなことを言うのもなんですが、僕は、関東芸人はM－1で勝てないと思っています。ちょっと、言い過ぎかな。言い換えると、勝とうと思わないほうがいい。矛盾するようですが、そう思えたら、チャンスはあるかもしれません。

漫才はざっくり分けると「しゃべくり漫才」と「コント漫才」に分かれます。しゃべくり漫才の説明はさておき、ひとまず、コント漫才とは「おまえコンビニの店員やって、俺は客やるから」と芝居に入っていくパターンの漫才のことです。

M－1でしゃべくり漫才が強いのは、漫才の王道だというイメージが強いからでしょうね。一方、コント漫才は、どちらかというと傍流で、新しい型という印象があります。

ならば、その王道とも、本格的とも言われるしゃべくり漫才とは何なのか。

今は、どちらにも区分し難い漫才もあるので、きっちり定義するのは難しいのですが、あえて言うならば、しゃべくり漫才とは日常会話だと思います。

M－1初代王者である中川家の礼二さんは、「喫茶店での会話の延長」が理想だと話していたことがあります。ちなみに、中川家は、しゃべくり漫才のど真ん中にいるコンビです。キャラに入るようなことはせず、あくまで等身大の自分たちがしゃべっているという体《てい》を貫いています。

僕も二〇〇一年の第一回大会はテレビで観ていました。中川家は、ボケとツッコミのバランスが抜けていました。

準優勝のハリガネロックはボケが主張型なので、ツッコミのパターンがどうしても少なくなってしまいます（主張型のボケについては、のちほどかまいたちの部分でくわしく触れます）。漫才はお互いがお互いを磨いて輝かせるのが理想なのですが、どちらか一方が弱いと、その相乗効果が起きにくいんですよね。

Q2　中川家が初代王者になったことの意義はどう考えていますか？

漫才はボケで笑い、ツッコミでさらに笑うというのが理想です。ボケを倍にするか、三倍にするかはツッコミにかかっています。

その点、中川家は安心して観ていられました。中川家はツッコミの礼二さんが引っ張って、ボケの剛さんが横でわけのわからないことをやっている。そのペースが最後まで変わりませんでした。途中、剛さんのからみに業を煮やした礼二さんが足で床に線を引いて、「おまえ、こっから入ってくんな!」と叫ぶシーンがあるのですが、あれを最初に観たのはいつだったかな、M-1よりちょっと前でした。あれを観た瞬間、あ、新しい何かが生まれた、そんな思いがしました。

大会というのは、その後の発展を考えたとき、初代王者が誰になるかが、とても重要です。その大会の「格」が決まるし、方向性も決まります。

その意味において、中川家がM-1の初代王者になったというのは、結果的には、大正解だったんじゃないかな。

中川家は、将来、なんばグランド花月（通称、NGK。吉本興業が運営する日本一の常設劇場）のトリを務めるだろう人材であり、当時も今も、日本を代表するナニワの「しゃべくり漫才」コンビです。出場者や関係者に、彼らを選ぶコンテストに間違いはないという印象を植えつけました。

ただ、同時に、この大会は本格的な漫才、もっと言えば「しゃべくり漫才」日本一を決める大会なのだという色付けが少なからずなされました。

もちろん、審査員の中に、そういう意識があったわけではなく、いちばんおもしろいコンビを選んだら、それがたまたましゃべくり漫才のコンビだったということだと思います。

ただ、結果として、そうなったということは否定できないでしょうね。

Q3 第一回大会では同年代のキングコングが決勝進出を果たしました

第一回大会で個人的にもっとも衝撃だったのは、キングコングでしたね。

彼らは一九九九年にコンビを結成しているので、芸歴は僕らと二年しか違いません。

第一回大会、僕らは二回戦であっさり敗れました。今思えば、まだ漫才の形にすらなっていなかった。一方、キングコングは、すでに決勝の舞台に立っていたのです。

落ち込んだのは、ネタの出来不出来とか、笑いのセンスどうのこうのということではありませんでした。そもそも同世代で内心は彼らの力を認めたくないので、冷静に実力など分析できません。嫉妬にかられ、訳知り顔で「うまいけど、おもしろくねえな」みたいなことを言っていました。

驚いたのは、彼らが放っていたオーラでした。西野（亮廣《あきひろ》）君も、梶原（雄太）君も、とにかく華がありました。お笑いの本場である関西は、とんでもないところだなと思い知らされましたね。

そのときの僕らは、テレビに出られるような格好をしていませんでした。着ている服が安いとか、そういうことではないのです。僕は芸人になったといっても、所詮、いつかテレビに出たいなー、ぐらいの感覚でした。舞台でも、プライベートでも、そういう格好をしていました。でも、キングコングはすでにテレビスターになるんだという覚悟が感じられました。それが髪形や服装からにじみ出ていました。

やや話が逸《そ》れますが、総じて、関西芸人は舞台衣装に、ものすごくこだわっているコンビが多いように思います。スーツにネクタイというコンビが多い。「汚れは売れない」という上方の教えがあるからだと思います。

そこへいくと関東芸人の舞台衣装はラフです。私服のまま舞台に上がってしまうコンビも珍しくありません。

今でこそ、U字工事は赤いネクタイに青いスーツ、サンドウィッチマンはヤクザのようなド派手なスーツ姿がトレードマークとしてすっかり定着していますが、当時は、関東では相当目立っていました。あそこまでカチッとスーツを着ているコンビはほとんど見かけませんでしたから。

僕らは二〇〇二年に漫才協会に入ってからは、基本的にスーツにネクタイというスタイルに落ち着きました。ただ、色や柄は極めてオーソドックスです。浅草の漫才師で、コテコテのスーツを着ていたら「キャラ作り」し過ぎだと思ったからです。

話はキングコングに戻りますが、二人がNSC（吉本総合芸能学院）在学当時、講師たちは「今年はキングコングが出たから（後の生徒は）もうええわ」と言っていたそうです。そう言いたくなるのももっともだと思います。それくらい二人の存在感は圧倒的でした。

僕はキングコングの二人と仲がいいのですが、今でも、つい、どこかで意識しちゃいます。キングコングだぜ、すげえな、って。

最初のケンカでコテンパンにやられたからだと思います。第一印象が強烈だと、その後、たとえ互角になったとしても、どこかで畏縮してしまうというか、少し見上げてしまうもんじゃないですか。そういう感じです。

Q4　よく「練習しないほうがウケる」と言いますよね？

Ｍ－１の決勝が近づいてくると、僕らはよく「今年の○○は仕上がってんな」みたいな言い方をします。中川家は、その表現をものすごく嫌います。「仕上がるって何やねん」と。

中川家は二人とも、ボケとツッコミのタイミングが見事過ぎるというか、いかにも練習してきました、みたいなコンビに対する評価が低いんですよね。それこそキングコングだったり、ＮＯＮ ＳＴＹＬＥだったり。まあ、ネタでよく使っているくらいですから、二組のことは、どこかで認めているんでしょうね。自分たちには真似《まね》できん、って。

実際、中川家は、練習し過ぎないようにしているようです。僕もそこは同意見ですね。

というのも、ネタ合わせをしないでやったネタのほうが、本番で断然ウケるんです。

最初は不思議だったのですが、だんだんその理由がわかってきました。練習しなくてもいいネタは、ネタそのものがおもしろいし、そもそも自分たちに合っているんです。逆に練習しなければならないネタは、ネタがつまらないか、自分たちに向いてないんです。それに気づいてからは、練習しなくても成立しそうなネタを考えるようになっていきました。

もちろん、こうやろうみたいなイメージトレーニングは年中しています。ただ、二人で合わせることはほとんどしません。

ダルビッシュ有（カブス）がこんなことを話していたことがあるんです。彼は変化球を試すとき、いきなり実戦で投げるそうです。それがいちばんいい「練習」になるのだと。

それを聞いたとき、漫才と似ているなと思いました。バッターがいないところで投げる練習が無意味なように、漫才もお客さんがいないところでやっても得られるものはほとんどありません。

漫才はお客さんと一緒に作っていくものです。ここまでならウケるけど、これ以上言うと逆に引いてしまうんだな、とか。その感覚は、お客さんの前でやってみないことにはわかりません。そうして毎日、少しずつ変わっていきます。そういう意味では、一生、練習していくものなのかもしれません。

Q5　やはり『紳竜の研究』は観ましたか？

ネタ合わせをしないもう一つの理由。それは新鮮味がなくなるから。ただでさえ毎日、寄席の舞台に立っているので、それ以上やってしまうと自分たちの中で鮮度が薄れていってしまうんです。その「飽き」が本番でも出てしまう。ともすれば、機械がしゃべっているような感じになってしまうことがある。

漫才師の間でバイブルのような存在になっている『紳竜の研究』というDVDがあるんです。その中で島田紳助さんも同じような理由で練習しないほうがいいと話してました。このDVDは、サンドウィッチマンが「これを観れば、誰でもM－1の準決勝まで行ける」と言うほど、確かに、参考になることがたくさん語られています。

当たり前のことだけど、本番では、互いに「初めてしゃべってる」「初めて聞いた」という風を装ってしゃべります。ボケが変なことを言ったら、ツッコミは「何を馬鹿なこと言ってるんですか」と驚いた顔をします。その驚きが嘘くさく見えると、お客さんの共感は得られません。

あと、ありがちなのが、慣れてくると相手のセリフを聞き終える前に次のセリフを言っちゃうんだよね。言葉をかぶせてしまうのは論外ですが、この状況でこう言われたら、普通、少し間ができるだろうというところで、すぐに返してしまう。お客さんは瞬時に、不自然さを感じ取ってしまう。コンマ何秒のズレですが、そういう違和感は、お客さんに伝わってしまうものです。

僕は土屋とのやり取りが惰性にならないよう、ネタ中に、まったく予定にないセリフをちょいちょい入れます。もちろん、土屋は素で「何を言い出すんですか」という顔をします。それがいい。やり過ぎは禁物ですが、ときどきかませば、土屋も「いつ何が飛んでくるかわからない」と緊張感を持ってこちらの話に耳を傾けるようになります。

ときどき、うまいけど笑えないんだよなというコンビを見かけます。じっと観察していると、だいたい演者の言葉に気持ちが入っていません。言葉に気持ちを込めるといっても、単純に大声を出したりすればいいというものでもない。目線とか、体のちょっとした動きにも出てくる。

コンビ同士、仲がよくても悪くてもいいのですが、仲が悪いと、嫌々言ってる感じが露骨に出てしまうことがあります。それはまずい。そういうコンビは、目と目を合わさない。顔を見ないでしゃべりますから、言葉のやり取りが雑になります。それでは、笑いはとれません。

そこへいくと、仲が悪くて有名なおぼん・こぼん師匠はさすがです。二人とも近づきたくないので、互いに距離をとって、目を合わさずに話すのですが、お客さんはゲラゲラ笑っています。不仲の年季が違いますからね。あそこまでいくともはや名人芸です。

Q6　第二回大会の王者、ますだおかだもしゃべくり漫才でしたね

相手の言葉をきちんと聞いてから反応する。これは漫才の基本中の基本です。ますだおかだはそこが抜群にうまかったですね。

この前もナイツの独演会のゲストとして出演してもらったのですが、技術の高さに思わずため息が出ました。中川家も、ますだおかだも、誰もが納得する王者です。

ツッコミの岡田（圭右《けいすけ》）さんは一見、大雑把な性格に見えますが、きちんと増田（英彦）さんのボケを聞いています。聞いた上で、早くツッコんだり、ちょっと間を空けたり工夫しています。だから、観ているほうも、自分の気持ちになってツッコんでくれているような気分になるのです。

若いと勢いで誤魔化そうとするものですが、二人は、若いときからそのあたりもきっちりとされていました。

増田さんは増田さんで、その岡田さんに絶対引っ張られずに淡々とやります。増田さんはネタ中に絶対に笑わないのです。あの姿勢は、お客さんに安心感を与えます。

自信がない人ほど、ネタ中に、思わず笑ってしまいましたみたいな笑い方をするものです。そうすると、観ているほうも、つられてしまうことがあります。

この世界では、それを「誘い笑い」と呼んで、年配の人ほど嫌います。油を差すような感じで一、二回程度ならいいのですが、やり過ぎると自作自演っぽくなり、あざとい印象を与えかねません。

自信のなさは、手の動きにもよく出ます。鼻先をいじったり、髪を触ったり。そういう仕草も、堂々としていない印象を与えてしまうので損です。特に、ツッコミは役割上おどしないほうがいい。

岡田さんは、増田さんに負けず劣らず、ふてぶてしいくらいどっしりしています。

Q7 「日常会話＝漫才」は関西ならではの発想のような気がします

関西人の日常会話はテンポがあって、それだけでもおもしろい。

関西の喫茶店は、バーのようにカウンターが設《しつら》えてあるところがほとんどらしいです。そこから先に埋まっていき、テーブル席はあまり人気がないそうです。なので、カウンター席しかない店も多いとか。

関東の人間からすると、喫茶店は、少なくとも一人で行く場合は、一人で静かに過ごす場所ですよね。ところが関西人にとっては、マスターや居合わせた客と話をする場所なんです。

なぜ、そんなにおしゃべりが好きなのか。それは、会話の中に常に笑いがあるからだと思います。

このバックボーンが関西の漫才文化を支えているんでしょうね。サッカーで言えば、関西は南米、大阪はブラジルと言っていいでしょう。

ブラジルでは子どもから大人まで、路地や公園でサッカーボールを蹴って遊んでいます。同じように、大阪では老若男女関係なく、そこかしこで日常会話を楽しんでいる。それが、そのまま漫才になっているのです。

中川家が仕上がり感を嫌うのは、その感じを大事にしているからだと思います。日常会話を練習する人はいません。そうしたら、そもそも日常ではなくなってしまいますから。

大阪の街で、つい隣の人の会話に耳を傾けてしまうことがあります。小学生がお母さんに、普通に「なんでやねん」とぼやいていたり、女子高生が「もう、ええっちゅうねん！」とゲラゲラ笑っていたり。これが本場のツッコミなのだと感動してしまいます。

その感動は、ブラジルの路地裏の小学生を見て「これが本場のボールタッチなんだ……」

と心を震わせるのと同じことなのではないでしょうか。

Q8　ツッコミは関西におけるマナーなのでしょうね

一方がボケると、一方はごく自然にツッコむ。そうしたやり取りは、関西ではマナーであり、エチケットなのだと思います。

関西人のすごいところは、別段、おもしろいことを言おう、言おうとしているわけでもないところ。東京なら「馬鹿じゃないの」で終わるような内容であっても、関西人は「なんでやねん」と笑いでほっこり包む。

関東に住む僕からすると「なんでやねん」は、魔法の言葉です。表面上は攻撃しているようで、その実、相手を慈しんでいるようでもあります。関東の言葉で言えば、「なんでだよ」になるのでしょうが、その言い方だと包み込むというよりは突き放している感じがしてしまいます。

「なんでやねん」は日本の方言の中で、最大の発明と言ってもいいかもしれません。

しゃべくり漫才のルーツは関西です。必然、漫才という演芸そのものが関西弁に都合がいいようにできています。言ってしまえば、漫才の母国語は関西弁なのです。

落語ならば、東は「江戸落語」と言うのに対し、西は「上方落語」と呼ぶ。両方にルーツと伝統がある。でも、漫才は「上方漫才」とは言っても、「東京漫才」とは言わないですよね。そう称する人も少数はいますが、市民権を得ているとは言えません。

東京の寄席では、落語が中心で、漫才は「色物」として扱われます。トリは当然、落語です。ところが、関西ではほとんどの場合、これが逆になります。落語が「色物」となり、漫才師がトリを務める。

漫才師の足元を見ると、その力関係がよくわかります。東京の寄席に出るとき、僕らは靴下で舞台に立ちます。落語家に合わせて、靴を脱いでいるのです。ところが、関西の寄席へ行くと逆になります。漫才師はみな靴を履いていて、落語家は雪駄《せった》履き。ステージ上に高座が設えてあって、落語家はそこに上がる前に雪駄を脱ぎます。なので、上方の漫才師が東京の寄席に上がると、靴下は滑るのでやりにくいという話をよく聞きます。

そう言われると、関西の漫才師のほうが動きが大きい気がしますね。東京の漫才師は、僕らもそうですが、いつも靴下なので、知らず知らずのうちに動きが大人しくなってしまうのかもしれません。

あと、関西には上方漫才大賞という伝統と格式のある賞が存在します。一九六六年に創設され、第一回受賞者はかしまし娘です。ダウンタウン、ますだおかだ、ブラックマヨネーズなども受賞しています。二〇一九年は中川家が二度目の受賞を果たしました。一方、関東にはそうした大きな賞がありません。

ひとまず、こう言い切っていいと思います。漫才とは、上方漫才のことであり、上方漫才とはしゃべくり漫才のことなのだと。

漫才界の勢力図は今も昔も、完全な西高東低なんです。

Q9　おぎやはぎが受けいれられなかった理由は何なのでしょう

第一回大会は、漫才とは、やはり関西のしゃべくり漫才のことなのだと痛感しましたね。

最初の大会は、七人の審査員に加えて、「一般審査員」というシステムがありました。

札幌、大阪、福岡の吉本の劇場にそれぞれ一般人一〇〇人を集め、一人につき一点を与え、各会場ごとに一〇〇点満点で審査させたのです。

その年、東京勢として唯一、おぎやはぎが決勝に進出しました。当時、東京では人気の実力派コンビでした。

ところが、一般審査員の審査結果は、あまりにも残酷でした。札幌二二点、大阪九点、福岡一二点……。大阪の最高点は、中川家の八九点だったので、あまりにも点差が開き過ぎです。このシステムは公平性を欠くという判断だったのでしょう、翌年から廃止になりました。

推測ですが、この点数は上手い下手というよりも、これは漫才ではないと思われたのだと思います。似て非なるものだと。

おぎやはぎは、どちらかというとコント師です。それと、熱量が低い印象があります。その上、軽い印象を与えがちな東京の言葉を使う。それが持ち味なのですが、コテコテの上方漫才が主流のM-1の舞台では、どうしても印象が弱くなってしまいます。

上方漫才を音楽にたとえたら、ロックなんだと思います。第一回大会で準優勝したハリガネロックは、そもそもコンビ名に「ロック」と入っているだけでなく、格好も、振る舞いもまさにロッカーそのものでしたよね。ボケのユウキロックさんは、黒い革のジャケットを愛用していましたし、締めのセリフは「サンキュー！」でした。芸風にそれがよく似合っていました。

ロックの核は、怒りです。上方の漫才師は、とにかくいつも怒っています。怒りを芸にぶつけています。

怒りは感情の中で、もっとも熱量が高い。短時間でお客さんに何かを伝えようとしたとき、いちばんインパクトがあるのだと思います。

そこへいくと、おぎやはぎのパッと見は、なよっとした優男です。しかも、芸風も温厚そのもので、世間とも折り合いをつけています。その折り合いのつけ方がナンセンスでおもしろいのですが、いずれにせよ、怒りとはもっとも遠いところにいるコンビでした。

僕らもそうですが、怒りがなくても漫才にはなります。ただ、M－1で勝つには、怒りに代わる強い何かがないと、なかなか評価されないのだと思います。

Q10　コント漫才は、不利ですか？

M－1が始まったばかりの頃、僕はコント漫才は不利だと思っていました。M－1は、やはり、いかにも「漫才師」というコンビが好きなのだと思います。

全国ネットの三大お笑いコンテスト『M－1』『R－1』『キングオブコント』の中で、M－1がこれだけの人気を博した理由。それにはいろいろな要素があるのですが、その一つは、第一ラウンドの登場の仕方だと思うのです。

『R－1』も『キングオブコント』も、ドンッ！と照明が点灯し、それがネタ開始の合図です。それに対しM－1は、年によって多少の違いはありますが、現在は、ファンファーレに乗って迫り上がってきて、ファットボーイ・スリムの『Because We Can』の「オッ！　オッ！　オッ！　オッ！」という節に乗って階段を駆け下りてくる。

僕はあの登場シーンを観たいから毎年、M－1を観ているようなところがありました。血湧き肉躍る感じが、たまらなく好きなんですよね。出だしが統一されているのでM－1

だけが唯一、同じルールで戦っている感じがするんです。

あの登場の仕方で出てきたら、二人で「どうも、よろしくお願いします。○○です」とあいさつをするほうが、なんとなくしっくりきます。M－1が求めている漫才師も、要は、そういうことなのだと思います。

第二回大会は、まだ試行錯誤の段階にあったからでしょう、テツandトモも出場していました。でも、寄席ならともかく、M－1の舞台で、青いジャージのトモさんがギターを携え、赤いジャージのテツさんが両手を左右に振りながら軽快なステップで出てくる感じは……少し違うかなと思いました。

第二回、第三回大会の決勝に出場したスピードワゴンも、「漫才とはこういうものだ」という固定観念に跳ね返された感は否めません。

二人は愛知県出身で、しゃべり方も、衣装も、そもそも「漫才師」という感じがしません。そして何より、マイクの前に立ったとき、ボケの小沢（一敬《かずひろ》）さんは「よろしくお願いします」みたいな感じを省略し、初めからキャラに入っています。あそこがおもしろいし、斬新なのですが、当時のM－1は今以上に漫才の解釈が狭量な部分もあったので、ちょっと損してしまった気がします。

Q11　審査するとき、「ウケ量」はどこまで評価しますか？

漫才の特殊なところは、すべてのお客さんが笑いに来ているという点です。そんなエンターテイメントは、他にそうはないですよね。

芝居や映画は、コメディーであっても「笑いあり、涙あり」と謳《うた》っている場合がほとんどです。笑いだけで一時間半から二時間も客を惹《ひ》きつけることなどほぼ不可能だからです。小説や漫画もずっと笑わせることは不可能です。

落語も似ているようで少し違います。落語には「滑稽噺《ばなし》」と「人情噺」という二大ジャンルがあります。前者は馬鹿馬鹿しいネタで笑わせるのが目的ですが、後者はじっくり聴かせて最後にホロっとさせるための演目です。独演会などは前半に滑稽噺を二席かけて、後半は長めの人情話で締めるというパターンが多いようです。

でも漫才ライブに来て、じっくり聴こうとか、ホロっとさせてくれと思っている人はまずいません。笑い過ぎて涙が出ちゃったという人はいるかもしれませんが。

演者である我々も、泣かせようとは考えていません。とにかく笑って欲しい。

漫才が漫才であるために「笑い」は絶対不可欠な要素です。となると、コンテストにおいても、お客さんを入れて漫才をする以上、笑いの量は非常に大きな審査ポイントになります。つまり、「ウケ量」です。僕も、絶対ではないですが、ウケ量は最大限、評価すべきだと思っています。

二〇一八年のM-1に関して言えば、霜降り明星は、あの日、あの会場で、断トツでウケていました。

霜降り明星は、順番にも恵まれました。一つ前、八番目のトム・ブラウンが型破りな漫才で、それまでの膠着《こうちゃく》した空気をほぐしてくれました。お客さんの緊張が和らいだところで、霜降りがここぞとばかりに大爆発させたのです。

大阪のファンの中には、あるいは「またこのネタか」と思った人もいたかもしれませんが、東京の人はまったく知りませんでしたから。二人が奏でたロックに、東京のお客さんは完全にやられてしまいました。

Q12　塙さんの中での審査基準を教えてください

僕の中で「うねり」と呼んでいる現象があります。客席が爆発する感じです。M－1で勝つには、うねるかうねらないかです。

M－1審査には、フィギュアスケートや体操のように、明確な基準があるわけではありません。それぞれの独自の基準に従って点をつければいい。

厳密に、ネタ○点、技術○点、キャラ○点、だから計○点というふうに採点してしまうと機械的になり過ぎて、大事なものを見落としてしまいそうな気がするじゃないですか。

フィギュアスケートや体操など採点競技で解説者がよく「指先が……」とか「足先が……」と言いますが、そんなところ見てるのはおまえだけだよ、とツッコみたくなりません?

M－1はスポーツだと言う人もいますけど、僕の中では、音楽や演劇などの芸術系のコンテストに近いイメージです。したがって最終的にはトータルの印象で決めていました。

上手い下手よりも、「ウケ量」であり「感動」の度合いを優先したと言ってもいいかな。フィギュアスケートでコケたら優勝できませんが、漫才は大転倒してもおもしろければいいわけですから。

Q13　ウケ量は「数」と「大きさ」、どちらがより重要ですか？

M－1の審査員でもあるオール巨人師匠は「七、八ぐらいの笑いがコンスタントにあって、最後の三〇秒で九、一〇の笑いがどっかん、どっかんとくるのがいい」と話していたことがありますが、僕もそれが理想だと思います。

M－1の歴代王者を振り返ると、ほぼ例外なく、この展開に持っていっています。つまり、「数」もあり「大きさ」もあった。

数に関して言えば、物理的に持ち時間が四分しかないわけですから、勢いよくしゃべるほうが有利です。早口なら、それだけたくさんの笑いを詰め込めますから。

ただ、その芸当は、関西弁というフォームだからこそできるテクニックでもあります。

関東の日常言葉でそれをやろうとすると、どうしても無理がある。

二〇〇八年、僕らが最終決戦に残ったとき、関西のしゃべくり漫才コンビ、NON STYLEが優勝しました。あれだけの早口で、一度も噛《か》まないというのは、東京言葉を使う僕からすると、とても考えられません。

しゃべくり漫才の母国語は関西弁なわけですから、関東の言葉でそれをやろうとすることは、言い換えれば、日本語でミュージカルやオペラをやるようなものなのかもしれません。無理ではないけど、どうしたって不自然さは残ります。

第一期に限っていうと、一〇回中六回はしゃべくり漫才系のコンビが優勝しています。コント漫才は〇三年のフットボールアワー、〇四年のアンタッチャブル、〇七年のサンドウィッチマン、〇九年のパンクブーブーの四組です。

しゃべくり漫才とコント漫才の間に、明確な境界線があるわけではないのですが、ひとまずそう言っていいと思います。

フットボールアワー以外は、非関西弁のコンビです。そして、第一期において非関西弁のコンビで優勝したのは、じつはこの三組だけです。つまり、関東言葉のしゃべくり漫才で戴冠したコンビは誰もいなかったのです。

第二章　「技術」　M-1は一〇〇メートル走

Q14 『宮崎駿《はやお》』のボケは三七個だとのことですが数えたのですか？

僕らが決勝に初出場した〇八年、一本目に『宮崎駿』というネタを披露して、審査員の松本人志さんに「四分間に、何個、笑いを入れとんねんみたいな」と評されました。僕は「三七個ぐらいだと思います」と答えたのですが、四分だとそれくらいがマックスです。僕らは東京の日常言葉を使っていますが、それでも相当早口でしゃべっていますから。

Ｍ－１の歴史は、スピード化の歴史でもありました。言い換えれば、いかにボケ数を詰め込むかという方向にひた走ってきたのです。そもそも数を打たなければ、当たりませんからね。

僕もＭ－１で勝つには、兎《と》にも角《かく》にも笑いの数を一つでも増やさなければならないと思っていました。今でも出場者の九割以上が、そう思っているのではないでしょうか。

ただ、Ｍ－１の歴史で、一度だけ、その定説を覆しかけたコンビがいます。第一期の最後、二〇一〇年に準優勝した沖縄出身のスリムクラブです。

沖縄言葉でとことんゆっくりしゃべって、間も大きくとっていました。スピード化の逆を行ったのです。

あのネタを見せられたときは、「やられた……」と思いましたね。それはM－1出場者、共通のつぶやきだったのではないでしょうか。

二〇一〇年の決勝第一ラウンド、スリムクラブの出番は三番目でした。そこで、めちゃめちゃウケていました。僕らの出番は五番目だったので、次の次だったのですが、それでもまだ変なザワザワ感が残っていて、本当にやりにくかったことを覚えています。

本番直前、会場を温めるために、何人かの芸人がネタをします。それはいわば、準備運動のようなものです。本番でも、霜降り明星のときのように、前の組が温めてくれたお陰で次の組が大爆発するという現象は起こり得ます。

でも、スリムクラブのときのように、あそこまでウケてしまうといいことはありません。後の組のネタが物足りなく映ってしまいますからね。特に僕らみたいな「小ボケ」を武器にしているコンビは、どうしても大人しく見えてしまうんです。

Q15 スリムクラブの漫才は「M－1史上、最大の革命」と言っていいのではないですか？

松本さんはスリムクラブのネタに「九六点」をつけました。「時間が惜しくないのか」と、その勇気を讃《たた》えていました。笑いの神様にこう言わせたということは、スリムクラブのネタは最大の革命と言っていいかもしれませんね。

活字に起こしたらわかると思いますが、たとえば、NON STYLEと比べたら、半分もしゃべってないのではないでしょうか（編集注・スリムクラブの『葬式』は約八〇〇字、NON STYLEの『溺れている少年を助ける』は約二〇〇〇字でした）。

一見、「数」を捨てたように見えますが、彼らは笑いの数も稼いでいました。彼らは「間」でボケていたのです。ツッコミの内間《うちま》（政成）さんの言葉が出てきそうでなかなか出てこないときの表情は得も言われぬおかしさに満ちていました。

その間、お客さんはずっとクスクス笑っているのです。そのタイミングで言葉を発するので、爆笑が生まれるのです。言葉の意味は違いますが、火に油を注ぐようなイメージです。

僕は彼らのことをけっこう前から知っていました。共通の知り合いの家で食事をしたことがあり、ボケ担当の真栄田《まえだ》（賢）さんにネタ帳を見せてもらったことがあります。「こういうネタで売れていきたいと思ってるんです」みたいな自分たちの計画を話してくれて、内容は忘れてしまいましたが、同年代で、ここまで考えている人がいるのだと、ものすごい衝撃を受けました。

彼らのゆったりとした漫才は偶発的なものではなく、計算の上でやっていたのだと思います。

最終決戦でも、スリムクラブは会場をうねらせていました。ただ、結果は、笑い飯が四票、スリムクラブが三票で、笑い飯に軍配が上がりました。

二〇一〇年は、「最後のM－1」ということで、九年連続決勝出場の笑い飯を優勝させたいという空気も後押ししたのでしょう。でも、どうであれ、やはりテンポのあるしゃべくり漫才が勝ったという事実をつくってしまいました。

スピード感があって、笑いの数の多い漫才。これがM－1で勝つ最強スタイルであることは今も変わりません。

もし、あそこでスリムクラブが勝っていたならば——。

少なからず、流れが変わり、関東芸人が勝つチャンスが広がっていたかも……と思ってしまうのは、僕だけではないはずです。

Q16 「M-1は一〇〇メートル走」の持論は、非常にわかりやすいですね

M-1の仕掛け人の一人であり、第一期の大会委員長を務めた島田紳助さんに「ナイツの漫才は寄席の漫才だから勝つのは難しいよな」って言われたことがあるんです。

寄席はだいたい一人の持ち時間が、一〇分から一五分あります。池袋演芸場は出演者が少ないので二〇分もらえます。

それに対し、M-1は現行ルールでは、一回戦は二分、二・三回戦および敗者復活戦は三分、準々決勝以降は四分です。最長でも四分しかないんです。ただ、テレビで放映する以上、これが限度でしょうね。

僕が言い出した「M－1は一〇〇メートル走」説は多くの共感を集めたようですが、四分と一五分の違いをわかりやすくイメージしてもらうために、陸上にたとえれば一〇〇メートル走と一万メートル走くらいの違いがありますと言ったのが最初なんです。寄席に慣れ切っていた体でいきなりM－1に出場したら、足がつるか、肉離れを起こしかねませんよ。最悪の場合、アキレス腱《けん》が切れちゃいます。

僕らはM－1予選が始まる八月が近づいてくるのに合わせ、少しずつ体をM－1に順応させていました。

M－1を一〇〇メートル走とするなら、過去、最速記録を叩《たた》き出したのは〇五年王者のブラックマヨネーズだと思います。

紳助さんは採点の際、「四分の使い方が抜群」と評していました。紳助さんは、常に「最後の三〇秒の印象」の大事さを説いています。ここでトップスピードに入り切らなければ好記録は望めません。

ブラックマヨネーズは、スタートも完璧、中間までの低い姿勢も完璧、そこから徐々に上半身を起こし、トップスピードに持っていってからも完璧でした。

Ｍ－１史上初の九秒台。そう言ってもいいでしょう。大会も五回目を数え、最初の円熟期を迎えていたのかもしれません。

Ｍ－１の「煽《あお》り映像」（紹介ＶＴＲ）のナレーションが「ブツブツ肌の吉田（敬《たかし》）と、薄毛の小杉（竜二）が……」みたいな感じで、テロップも「モテない男たちの逆襲」だったので、最初は、容姿をいじるネタなのかなと思って観ていました。

ところが、締めの部分で「誰に相談すんねん、これから」（小杉）、「いつも行ってる皮膚科の先生に相談するわ」（吉田）というセリフはあるものの、それ以外の部分は、まさに本格派と言っていいしゃべくり漫才でした。ネタ、話術、二人の個性と、すべてが最高レベルにありました。

煽り映像は、見事な「偽装」になっていました。いい意味での裏切りです。

Ｑ17　自虐ネタは、あまりお好きではないようですが

最近のさまざまな賞レースを観ていると、特に自虐ネタが多いような気がするんですよ

ね。ひな壇系の番組への出演を意識して、自分のキャラを安易につくろうとし過ぎているのではないでしょうか。

太っていると、デブネタ。ハゲていると、ハゲネタ。容姿に自信がないと、モテないネタ。売れてないと、暇ネタ。それらは、ネタとは言えません。フリートークの分野です。

二〇一八年の『女芸人No.1決定戦　THE　W』は彼氏いないネタばかりで、正直、観ていてしんどくなりました。

「私、今まで付き合ったことないんですよ」みたいのが始まると、僕は「その前にネタ見せてくれる?」という感覚になってしまうんです。

女性だからといって、容姿をいじるネタでなくてもいいと思います。僕らのように時事ネタを扱ってもいいわけです。女性で時事ネタをうまく扱ったら間違いなく目立つじゃないですか。そんなコンビいないわけですから。

事務所のネタ見せで「そんなんじゃ使ってもらえねえぞ」みたいに言われてしまうのでしょうか。だとしたら、気の毒です。

テレビは、イケメンの役者が来たら、女芸人にいちいち「カッコいいですね」と言わせるような風潮があります。僕は大嫌いなんですけどね、あれ。女芸人も内心は「そんなのいいだろ」と思っているのではないでしょうか。ただ、そういう圧力がある以上、本気でちゃんとしたネタを作れる女芸人は現れないと思います。

ちゃんとしたネタとは何かというのも難しいところですが、一つの定義として「他の人でも演じることができるネタ」と言うことはできるかもしれません。

ハゲネタは、ハゲの人しかできません。チュートリアルの徳井（義実《よしみ》）さんやキングコングの西野君は、モテないネタはできません。だから、自虐ネタはフリートークだと言いたいのです。

僕らは東京の寄席に毎日のように出演しています。東京の寄席は落語がメインなので、落語からも多くのことを学びました。

落語家は同じ演目をいろんな人が演じます。それは話がよくできているからです。それをネタと言うのだと思います。

もっとわかりやすい例で言うと、親が子どもに読み聞かせるような日本昔話もネタだと思います。話が完成しているので、誰が読み聞かせても子どもは喜びます。

フリートークの時間に『桃太郎』の話をする人はいませんよね。ネタとは、そういうものです。漫才でも、桃太郎のようなよくできたネタを考えるべきなのです。

Q18 ダウンタウンはフリートークを発明したというのは誤解ですよね

ダウンタウンはフリートークを芸にしたという見方をされますが、厳密には違います。ネタを発明したのです。漫才を徹頭徹尾ネタで通したから、フリートークが余った。二人は人間自体もおもしろいので、その余りすら芸になったということに過ぎません。

二人がすごいのは、やっぱりネタです。

ダウンタウン以前の漫才は「こいつゴルフ好きなんです」とか「お前んところの嫁さんは恐ろしいからな」などフリートークの要素が少なからず入っていました。横山やすし西川きよし師匠もそうでした。

昔は芸人がフリートークできる場がありませんでした。ネタ番組しかなかったので、それもありだったのでしょう。

ところがダウンタウンがその型をぶち壊しました。ストイックにネタを作り込み、漫才を「作品」にまで高めてくれた。ドラマ、映画、音楽に並ぶようなエンターテイメントにしてくれたと言ってもいいいと思います。

『「あ」研究家』などは、唸《うな》るしかありませんでした。紛《まが》うことなきお笑いの天才が現れたのだと思ったものです。「世の中にはいろんな『あ』があります……」という入りなのですが、それだけでもう引き込まれます。「なるほど、なるほどの『あ』」「おかしいぞ、おかしぞ、やっぱり、当ってんだの『あ』」「高いところから落ちたときの『あ』」みたいなのを延々、やっていくというネタなんですけどね。

コント風の『誘拐』というネタも、よくできていました。「おまえのところに小学校二年生の息子おるやろ」「おりますけど」「うちには六年生がおんねん」という入りで、次から次へと不条理なやり取りが展開されます。

関東では、ほぼ同時期に、やはりウッチャンナンチャンが一切フリートークのないネタを作り始めていました。西のダウンタウン、東のウッチャンナンチャンという二大スターの誕生によって革命が起き、その後の芸人に多大なる影響を与えました。

Q19　ギャロップも自虐ネタで上沼さんにこき下ろされていましたが

漫才師は、ネタで、自分たちの世界観を創り出すことができるわけです。その機会を自虐ネタで終わらせてしまうのはもったいないないと思います。

いやいや、そんな大仰なことは考えていません、という漫才師もいるかもしれませんが、それくらいの意識がなかったら今、わざわざ漫才をする必要性はないんじゃないですかね。

今はワイドショーやバラエティー番組でフリートークをする場があるわけですから。であるならば、漫才はネタに徹するべきだと思います。

二〇一八年のM‐1で、審査員の上沼恵美子さんが、結成一五年でラストイヤーだったギャロップにこう苦言を呈しました。

「自分をさげすむっていうのは、基本的にはウケないっていうことを、これだけのキャリアあったら、知っとかなあかんわ。何してたんや、今まで」

容姿をもとに「モテないネタ」を繰り広げたからです。

こういうネタでした。ボケの毛利（大亮《だいすけ》）君が合コンに行けなくなったのでツッコミの林（健）君に代わりに行ってくれと頼む。ところが、モデル同士の合コンだと聞き、背が低くハゲてる林君は「無理やわ」「嫌やわ」と最後まで抵抗する。

上沼さんは、発想が安易だと言いたかったのだと思います。

一五年くらいのキャリアを積んだ芸人が陥りがちな罠《わな》でしょうね……。

つまり、知名度もそこそこあって、ファンも付いてるので、そのアドバンテージで笑ってもらえる。そのぶん、ネタの作り込みが甘くなる。だからM－1決勝という大舞台では、まったく通用しなかったのです。

浜辺で食べるカップラーメンは最高においしいですが、宮殿の食堂でカップラーメンを食べてもちっともおいしいとは感じないと思います。宮殿の食堂には、その場にふさわしい食器、料理を用意しなければならないのです。

Q20　ミキも自虐ネタでしたが上沼さんは絶賛していました。なぜですか？

二〇一八年M－1は、ミキのネタも自虐ネタでした。弟の亜生《あせい》が兄の昴生《こうせい》に内緒でジャニーズ事務所のオーディションに応募してしまい、昴生が「俺はブスや」から入れるわけないだろと怒り狂うネタでした。

にもかかわらず、上沼さんは、二人には「(自虐が) 突き抜けてる!」と絶賛していました。これをえこひいきと見た方もいたようですが、僕も上沼さんと同意見でした。といいますか、ミキ兄弟は漫才モンスターです。なにせ、二人には芸を身につけたという跡がほとんど見られませんから。楽屋で二人が話しているだけで、もう漫才になっています。

彼らは今三三歳と三一歳なので、三一年間、ともに人生を歩んできているわけです。となれば、亜生が話し始められるようになってからと考えたら、コンビ結成二七、八年目と言っても過言ではないわけです。

確かに、ネタはベタだし、たいした工夫もありません。でも彼らのほれぼれするような天然のしゃべくり漫才を観ていると、ネタどうこういうことが虚《むな》しくなってきてしまいます。そういう意味で、僕も「突き抜けてる」と思ってしまいました。

第二期の一年目、二〇一五年王者のトレンディエンジェルもハゲネタが売りでした。ただ、彼らの不思議なところは、ハゲネタでも「自虐」になってないのです。むしろ、自己アピール、もっと言えば武器として使っています。そこは彼らの人間性としかいいようがありません。

ちなみに、非関西系のしゃべくり漫才で優勝したのは、彼らが史上初です。とはいえ、NSC東京校出身の吉本芸人なので、上方漫才のエキスが注入されています。東京言葉であれだけ自然にしゃべくり漫才ができるわけですから、彼らのスキルは相当高い。それも自虐ネタを自虐と感じさせなかった要因だと思います。

ただ、通常は、自虐ネタは裏笑いになりがちです。それでも笑いがとれることはとれる。だから、ウケていると勘違いしてしまうのでしょう。小さなライブ会場ではプライベートなネタほどお客さんが喜ぶ傾向にあるんですよね。だから、知らず知らずのうちに癖になってしまうのです。

二〇一二年に『キングオブコント』で優勝したバイきんぐも、ツッコミの小峠（英二）さんのスキンヘッドにはネタ中、一切触れませんよね。ネタの力で勝負している。だから、高い評価を受け、ネタ番組に引っ張りだこなのです。

Q21　ナイツはネタにスッと入ることが多い。あれはカッコいいですね

寄席などで、僕らの前の出番の芸人が、お約束のように「お目当てのナイツさんまで、もう少しですので」と言うことがあります。それでも、ちょっと笑いがとれますから。ただ、これも僕は好きではありません。少なくとも僕はその類いのことは絶対に言わないようにしています。漫才を披露する舞台の上で、そういう種類の話で笑いをとるべきではないと考えているからです。

容姿があやしげだと、いきなり「こいつ、ちょっと頭おかしいんで」という振りをするコンビがいますが、それも馬鹿げていると思います。頭がおかしいかどうかは、お客さんがネタを観てから判断することなので。

お客さんが自ら「この人、おかしいな」と気づくから、おもしろいのです。それを最初にばらしてしまったら、その時点で世界観が台無しになってしまいます。

ナイツのネタも、おかしい人の極地です。ボケの僕は簡単な言葉を最初から最後まで言い間違えます。そんな人、本来、いるはずがありません。それをあえて馬鹿だと言わずに土屋が付き合ってくれているところに独特の世界観が醸成されていくわけです。

二〇一八年のM－1における霜降り明星は、入りがすごくきれいでした。余計な前振りをせずにネタに入って、すぐにぼーんとウケました。M－1では理想の入り方です。

水泳の飛び込みのイメージです。入りは水しぶきを上げずにスッと入る。そして、最初のひとかき目かふたかき目でつかむ。飛び込む前にああだこうだ言うと、スタートが遅れるだけです。

ところが、二〇一八年M－1は、その入り方が非常に気になった大会でもありました。たとえば、結成一五年のスーパーマラドーナです。ツッコミの武智君がボケの田中（一彦）君のことを冒頭、こう紹介しました。

「こっちの暗そうな弱そうな頼りないね、生きてんのか死んでんのか、ようわからんやつがね、田中っていいます。お願いしますね」

決勝初出場コンビならともかく、スーパーマラドーナといえば、第二期の常連です。

M－1が復活した一五年から四年連続で決勝に出場しているのです。キャラクターもそれなりに浸透しているので、スッと入って欲しかった気がします。そのほうがお客さんもすぐネタに集中できたと思うんですけどね。

Q22　野球でいちばん大事なのは一回表。それは漫才でも同じなんですね

ゆにばーすの入りも引っかかりました。ツッコミの川瀬名人は出だしで、自分と相方のはらちゃんをこう紹介します。

「見た目、家で爆弾作ってそうなやつと（川瀬）、実行犯（はら）でやってます」

正直、そこまで言わなくても……と思います。そこまで言ってしまうと、ネタでいくら変人を装っても、そのインパクトが逆に薄まってしまいます。

二〇一七年、審査員の博多華丸《はなまる》・大吉の大吉さんが、最終決戦でとろサーモンと和牛のどちらに投票するかで迷ったとき、つかみが早かったとろサーモンを選んだと発言したことで、二〇一八年はネタの前に無理やりつかみを入れているコンビが目立ったように感じ

ます。

つかみを少しでも早くというのは、漫才におけるセオリー中のセオリーです。野球で言えば、一回表に三、四点入るぐらいの価値がある。その後の試合運びがめちゃくちゃ有利になります。ただ、ならばせめて前振りでつかむのではなく、霜降り明星のようにネタの序盤でつかめるような工夫が欲しいと思いました。

二〇一八年の霜降り明星のつかみは、五点くらい入った感じがありました。そうなると、ピッチャーもどんどん攻められるし、バッターものびのびとバットを振れるようになります。

逆にスーパーマラドーナやゆにばーすのように前振りで仕掛けて失敗すると後々まで響きます。攻めも守りもどこかちぐはぐになってしまうのです。ならば一層のこと、和牛のように、最初から後半勝負に持っていったほうがいい。

落語の世界では、笑えるところほど笑わせようとしないようにやることが大事だとよく言われます。でも、強引なつかみは、その逆です。笑えないところを無理やり笑わせようとしているのです。

結局、ネタに自信がないコンビほど、飛び込む前に笑いをとりにいってしまうのです。僕はスッとネタに入るコンビを観ると、その後のネタへの期待がグッと高まります。こいつらは、ネタで勝負しにきているなというのが伝わってくるからです。

Q23 漫才で人間味を出すという言い方をしますが、どう出せばいいのですか

人間味は説明するものではなく、感じてもらうものです。

いい手本は、〇五年王者のブラックマヨネーズのネタです。四分を通し、こういう人物なのだということが伝わってきました。

決勝一本目のネタは、ボケの吉田さんがツッコミの小杉さんに、恋人を最初のデートに誘うとき、どこがいいかと相談するネタでした。吉田さんが小杉さんに相談するというのが彼らの一つのパターンです。

小杉さんは、ボウリングなんかいいのではと提案します。ところが、吉田さんは度を超えた心配性で、次々とくだらない心配事を突きつけてきます。

小杉さんは小杉さんでお節介というか、そんな吉田さんの悩みに一生懸命、付き合っている。でも、単なるいい人ではありません。小杉さんは吉田さんに心底、呆《あき》れているのですが、そんな吉田さんに付き合い続ける自分にも途中から呆れてくる。そして、自己崩壊していく……。

最後は、吉田さんのほうがまともな人に見えてきます。その変化がこのネタの醍醐味《だいごみ》です。おそらく私生活でも、二人はこういう性格で、こういう関係性なのだろうなと想像してしまいました。

もちろん、そこに嘘が混ざっていても構いません。兎にも角にも、お客さんにリアルに二人の人間性を感じてもらうことが大事なのです。

お笑いというエンターテイメントにおいて、最強の武器は、お客さんに人間そのものがおもしろいと思ってもらえることです。

Q24 究極のボケは「存在」ということですね？

落語界のレジェンドと言っていいでしょう、かつて古今亭志ん生《しんしょう》という破天荒な噺家がいました。呑《の》んべえだった志ん生は、ほろ酔い状態で高座に上がり、座布団の上で居眠りしてしまったことがありました。それでも客席は「寝かせといてあげようよ」という雰囲気になったそうです。お客さんが嬉《うれ》しそうにほほ笑んでいる様子が目に浮かびます。

お客さんは志ん生のことが大好きだったので、噺を聴けなくても、近くでその存在を感じられるだけで幸せだったのだと思います。それくらい愛された芸人でした。

ネタでもない。話す技術でもない。志ん生は、存在そのものが落語でした。もっと言えば、ボケだった。そこまで到達したら究極だと思うのです。

僕の師匠である内海桂子師匠は、もう九六歳になりました。それでも一人で舞台に立ち続けています。ここまで来ると、ネタとかは関係ありません。生きているだけでおもしろい。

ただ、そこにたどり着くには、やはり芸の蓄積がなければなりません。

二〇一〇年M－1のスリムクラブのネタも、まさに人間味溢《あふ》れるネタでした。でなければ、あのゆっくりしたしゃべりで、あれだけの笑いはとれません。

ただ、彼らのその後の漫才を観ていると、人間味が先行し過ぎてしまった感があります。ネタや技術にもう少し確固たるものがないと、もう一段、高いところには上がれないような気がしました。

人類が芸術を生み出したのは、言葉では伝えきれない思いを作品で表現しようとしたからです。芸術家が感動したとき、それが「感動」という言葉で足りていたら、絵画も音楽も創造し得なかったと思うのです。

漫才師も同じです。人間の「おかしさ」をおかしいと言うだけでは伝え切れないから、ネタを思いついたのです。漫才という話芸が誕生したのです。

深いところからお客さんの感情を揺さぶり続けるために漫才師ができること。それは優れたネタを考え続けることしかないと思います。

Q25　漫才は「三角形が理想」とよくおっしゃっていますよね

漫才における「三角形」とは何か。それを説明するには、ブラックマヨネーズのネタが参考になると思います。

二〇〇五年に優勝したときのネタは、改めて見直してみても、これだけの要素をよく四分間に取り入れられたものだなと感心してしまいます。一つのテーマで貫かれていて、かつ時事ネタまで入っていて、かつオチもしっかりしていました。

ボケの吉田さんが、小杉さんにボウリングのマイボールを買えと言われ、「おまえ、村上ファンドか」とツッコみ返すシーンがあります。ボケ役がツッコむというのは、簡単そうに見えて本当に難しいのです。

音楽で言えば、転調です。明らかに曲調が変わるので、お客さんが「あれ?」と違和感を抱きかねない。やるほうも、少し怖い。でも、二人はじつにスムーズに転調していました。

アドリブではないのでしょうが、急にアドリブっぽいセリフが入ったりもしていました。どれもベテランのテクニックです。

そうした技術を使えるのも、ブラックマヨネーズのネタは、コントのようでいて、実際は、話術でネタを引っ張っているからです。いかにもコントコントしたネタだと、脱線は脱線にしか見えない。イレギュラーをネタの中に消化できるのは、彼らもまたしゃべくり漫才を極めているからです。

あのように、掛け合いでうねらせていくのは、理想の漫才だと思います。ボケとツッコミと客席と、きれいな正三角形ができていました。

今でもよく覚えているのですが、二〇〇八年の本番後、僕はトイレで紳助さんと鉢合わせしました。そこで「俺は、漫才は三角形になってないとアカンと思うねん」と言われました。

その頃、僕は漫才中、一度も土屋の顔を見ていませんでした。ずっと、お客さんの方だけを向いていたのです。

コント漫才に代表されるように、ツッコミとボケだけのつながり、二人の線だけでやっているコンビはけっこういますが、ボケとツッコミとがまったくからまないというのは、新しいスタイルでした。掛け合い漫才という言葉がありますが、僕らは、それとは正反対の「掛け合わない漫才」だったのです。

当時の僕は、あのスタイルがベストだと思っていました。斬新だし、ボケ数も増やしやすい。ただ、裏を返せば、それが僕らの限界でもありました。掛け合いたくても、掛け合う技術がなかったのです。

Q26　〇三年王者のフットボールアワーは、コント漫才orしゃべくり漫才？

紳助さんに忠告されてから一〇年が経ち、ここ数年は、ようやく三角形の漫才ができるようになってきました。

入りのところで、僕が「こうもん見えても……」とボケるシーンがあります。従来は、土屋が「こう見えてもだろう。肛門見せちゃダメだよ」とツッコんで終わりでした。でも、アドリブで「何でダメなんですか？」とあえて突っかかっていく。「ダメに決まってるじゃないですか」と言われたら、「ダメな理由を教えてくださいよ」とさらに吹っ掛ける。そこで三〇秒ぐらいやり取りをするんです。

もちろん、土屋には教えていません。でも、今の土屋なら、何とかかんとか切り返してきます。お客さんもけっこう笑ってくれています。

そんなとき、会場に立体感が出てくるというか、やはり漫才とはこういうものだよなという気持ちになります。でなければ、二人でやっている意味も、お客さんを入れている意味もなくなってしまいますから。

ブラックマヨネーズの小杉さんは吉田さんと掛け合いながらも、ちゃんと客席も意識していました。吉田さんも時折、前を見ていました。

しゃべくり漫才でも、横のつながりしか見えないコンビもいます。二〇一八年のM－1で言えば、見取り図はそういう印象がありました。しゃべくり漫才なのですが、三角形になっていない。そうすると、不思議とコントのような感じになってしまう。

逆に客席を意識していると、コント漫才でも、しゃべくり漫才のような雰囲気になります。〇三年王者のフットボールアワーは、その典型です。実際、二人は〇一年に初出場したときはしゃべくり漫才でした。そこから〇二年、〇三年と少しずつコントの要素の比重が高くなってきたのです。

また、ツッコミの後藤（輝基《てるもと》）さんは、役柄に入り込むというよりも、素の感じが頻繁に現れます。ですので、二人はどちらかというと、しゃべくり漫才のほうが合っているような印象があります。コント風しゃべくり漫才とでもいいましょうか。

こうして改めて分析すると、M－1の最初の三年間の王者は、やはりどのコンビも一〇〇パーセント、上方漫才のDNAを受け継いでいることがわかります。

Q27　かまいたちの評価がやや低いように感じるのですが、なぜですか？

三角形でもなく、直線でもなく、「点」だと思わせるコンビもいました。それが二〇一八年のM－1で異彩を放っていたかまいたちです。

二〇一七年の『キングオブコント』で優勝した実力者で、M－1でも優勝候補に挙げられながら、今ひとつ力を出し切れていない印象があります。

二〇一八年の決勝のネタは「もし、タイムマシーンがあったら何をしたいか」という内容でした。ボケの山内（健司）君は、つくり損ねたコンビニのポイントカードを発行してもらうと言い張り、その正当性を懇々と説き続けます。

山内君は怒りを前面に押し出してくるのですが、それはどこまでいっても「俺はこうだ！」「俺はこうしたい！」という主張に過ぎない。ある意味、ボケがない。それでも漫才として成立しているところに静かな感動を覚えました。僕は二〇一七年もじつはかまいたちがいちばん新しいし、おもしろいと感じたのです。

ただ、やはり欠点はあります。主張とは本来、黙って耳を傾けるものです。したがって、ツッコミの濱家《はまいえ》（隆一）君も「わかるけどな」とか「思うか！」程度のことしか言えず、掛け合ってるようで、掛け合っていませんでした。そのため、山内君の主張パートはウケるけど、濱家君のツッコミでは笑いは起きないのです。

山内君は客席に同意を求めたり、「M－1史上最悪の客」といじったりしていましたが、客席を見ながら漫才するというのは、そういうことでもないと思うのです。

つまり、相方とも、客席とも、結ばれていない漫才、つまり「点」に見えてしまいました。意図的に新しい漫才を作ろうとしたのかもしれませんが、だとしたら、まだまだ形にはなっていないのかもしれません。

かまいたちはコントではじつにうまく間を使っているのですが、漫才になるとアップテンポになるあまりその余裕が見えません。やはりコントはコントで、漫才は別物なのです。

かまいたちほどの実力者でも、そこにまだ戸惑っているように映ります。

そういう僕らも、M-1に出ていた頃は、掛け合いができなかったんですけどね。掛け合いをごく自然にやって、さらには客席も巻き込んで三角形を作るということは、奇跡と呼んでもいいくらい難しいことなのです。

第三章 「自分」ヤホー漫才誕生秘話

Q28　芸人になりたかったというより、なるしかなかったように見受けられます

よく「芸人ってお仕事は大変ですよね」と言われます。とんでもないです。そう言うあなたのお仕事のほうが僕にとってはよっぽど大変です、と心の中で返しています。

正直、楽です。もっと言えば、芸人以外の道で生きていく自信がありません。

僕は普通の人と違うことを「芸人」という姿を借りることで隠して生きているのです。芸人という職業は選んだというより、芸人として生きるしか術《すべ》がなかったのです。

今にして思えば、幼稚園に通っているとき、ウンチを漏らしたことで、僕の人生は大きな方向転換をせまられました。

その頃、僕は床置き型の小便器の下の出っ張りが不思議でなりませんでした。なぜここだけ張り出しているのだろう……と。

そこで僕は、なぜか、お尻を向けて大便をするときに都合がいいからだろうと理解しました。もちろん、個室にそれ用の便器があったのですが、その個室は先生が何かに使うた

めのものであり、子どもが勝手に開けてはいけないものだと思い込んでいたのです。トイレの中に、また扉があるという構造そのものが、よくわかっていなかったのだと思います。

便意を催したとき、僕は人がいないタイミングを見計らって、二回くらいだと思うのですが、小便器の出っ張り部分に大便をしました。いけないことをしているという意識はありませんでしたが、やはり人に見られるのは恥ずかしいという思いがありました。

そうしたら、ある日、先生が男の子をトイレに集め、小便器を前にして言ったのです。

「ここにウンチをしたらいけませんよ」

心臓がバクバクしました。自分だとバレて、怒られたらどうしよう、と。

でも、困ったことになりました。だったら、どこで大便をすればいいのか、わからなくなってしまったのです。

Q29 幼少期の粗相の記憶は“dead or alive”ですよね

もともと腸が弱く、牛乳を飲んだらすぐに下痢をしてしまうタイプでした。催しやすい体質だったのです。それでウンチがしたくてしょうがなくなったとき、どうすればいいかわからず、教室で漏らしてしまったのです。

幼心にも、完全に自信を失ってしまいました。みんなは漏らしてないのに、自分だけ漏らしてしまった。僕はダメな人間なのだ、と。

それから人とあんまり話さないようになりました。小学校に入ってからも、それは変わらず、運動も勉強もダメな子でした。国語のテストで「この登場人物の心情を述べなさい」とか聞かれると、軽いパニックになっちゃって。僕、この人の考えていることなんてわからない、と。その頃、親も相当心配していたようです。

小学校では、幼稚園時代、僕が粗相したことも次第に知れ渡り、「ウンコ、ウンコ」とからかわれるようになりました。二人兄がいたので相談したら、兄たちも「お前、汚えな」と僕をいじめるようになり、親に話すと「気にしなければいいのよ」と真剣に受け止めてくれず……。誰も守ってくれませんでした。

その頃、僕の心の拠《よ》り所《どころ》は『8時だョ!全員集合』『オレたちひょうきん族』などのお笑い番組でした。テレビを観て笑っているときだけは、嫌なことを忘れられました。

志村けんさんと加藤茶さんだと思うのですが、「ウンコ」とか「チンチン」とか言って楽しそうにしてるんですよね。大きなウンチの小道具が出てきたときも、ゲラゲラ笑っていました。その光景がとても不思議でね。何かの啓示であるかのような感覚だったと思います。

ウンチで人気者になれるかもしれない――。

映画『十戒』のように海が割れ、そこに道が現れました。自分の進むべき道が見えた、と思いました。

小学四年生のとき、僕は密《ひそ》かに『ウンコの歌』という曲を作り、虎視眈々《こしたんたん》と、発表のタイミングをうかがっていました。

それで、クラスメイトがまたからかってきたとき、ここぞとばかりに叫びました。

「そうだぜー、俺はウンコ野郎なんだぜー!」

そして立ち上がり、熱唱したのです。

〈そう~、あれは五年前のある日~、俺はウンコを漏らしたんだぜぇ~、ベイベー〉

クラスは大爆笑。僕は恍惚《こうこつ》としていました。最強の鎧《よろい》を手に入れた気分でした。俺はもう無敵だ、と。

Q30　笑いに目覚めたとき、松本人志を知ったんですよね

第二の啓示は、ダウンタウンの松本さんでした。

小学五年生のときに佐賀に引っ越し、そこでも自己紹介で「千葉では、ウンコの歌でクラスの人気者でした」みたいなことを言ったら、ものすごいウケました。

前にも増してお笑い番組をたくさん観るようになりました。

小学五年生か六年生のときだと思うのですが、その頃から、全国放送でもダウンタウンをテレビでよく見かけるようになったんです。

最初に衝撃を受けたのは、クイズ番組でした。回答者の松本さんが訳のわからないことばかり言うんですよ。司会の人も困惑気味で、大御所タレントなども出演する中、スタジオの雰囲気も微妙な感じになっちゃって。

子どもながらに僕も「この人、何を考えているのだろう……」と不安と恐怖でいっぱい

になりましたね。

四問も五問も同じような珍回答をするので、しまいには、浜田（雅功《まさとし》）さんが「お前、ええ加減にせーよ！」と回答席のボタンの上にウンコ座りしてしまいました。すると、スタジオ中が大爆笑に包まれて……。

そのとき、とんでもないものを見てしまったような気分になったんです。得も言われぬ解放感がありました。間違っていることでも、「ボケ」という括《くく》りの中に入れることで、人間はこんなに自由になれるのだ、と。

僕は松本さんを見て、生まれて初めて「許された」と思いました。自分を初めて肯定できたのです。一生、松本さんの背中を追いかけようと誓いました。

ぶっちゃけ言いますが、僕の師匠は内海桂子師匠ですが、心の師匠は生涯、松本さんです！「松本チルドレン」と呼んで欲しいくらいです。

一部メディアで、ダウンタウンの漫才を観て感激して漫才師になったという報道がされていますがそれは誤解です。僕は厳密に言えば、漫才師になりたくてこの世界に入ったわけではないんです。松本さんのクイズ番組のボケに感動し、ボケたくて芸人になったのです。

ボケられるのであれば、漫才でなくてもよかったのです。ただ、漫才師がいちばん自由にボケられたし、今の自分に合っていると思ったから漫才師に落ち着いたのです。

Q31　若い頃は、どんなネタをやっていたのですか

漫才のスタイルが武器と呼べるまでになると、たいていキャッチフレーズが付きます。ブラックマヨネーズは「ケンカ漫才」だし、翌〇六年王者のチュートリアルは「妄想漫才」だし、第一期最後の王者、笑い飯は「ダブルボケ漫才」と呼ばれました。ちなみに僕らは「ヤホー漫才」と呼ばれています。

三回戦で落ち続けていた頃、〇二年から〇六年あたりまでは、流行《はや》っている漫才をとりあえず真似していました。

フットボールアワーが〇三年に優勝したときは、後藤さんの「たとえツッコミ」を見習いましたし、ブラックマヨネーズが勝ったときは激しく言い合って土屋に叩かせたりもし

ました。笑い飯を参考に、ダブルボケっぽくやっていた時期もあります。でも、どれもぜんぜんウケませんでした。

もう本当に節操なく、次から次へと流されていました。でも、もともと新しいものを試すことは好きだったんですよね。

とにかく目立ってやろうと、最初から最後まで歌をずっと歌って終わりみたいなネタを試したこともあります。そこそこウケましたが評価はされませんでした。

まともにやるとウケず、少しはちゃめちゃなことをすると少しはウケるけど玄人からはまったく認められない。その繰り返しでした。

僕らは〇二年に漫才協会に入りました。それからというもの昼間は寄席で高齢者を相手にし、夜は小さなライブハウスで若い人を相手にしていました。そのため、お客さんの求めるものにギャップがあり過ぎて、テンポもネタも一向に定まりませんでした。

二〇代も後半に差し掛かり、このままでは永久に売れないと悟り、一つ大きく変えたことがあります。〇六年のM－1前後だったと思いますが、僕一人でネタを書くようにしたのです。

それまでは、土屋と一緒にネタを考えていました。ありがちなパターンだと思うのですが、ともに白紙の状態でファミレスや互いの家に集まって、ネタを作り始める。でも家だとついテレビゲームとかで遊んでしまい、なかなかネタを考えようという雰囲気にならない。

そうして時間だけが過ぎていき、夜になると、どちらからともなく「ネタ、どうしようか」と言い出す。すると、時間ももう遅いので、「じゃあ、今度、俺がちょっと作ってくるわ」と言って別れる。

次は、僕が一割ぐらい書いていきます。土屋はゼロのままです。その程度だと、また「どうしようか」となる。そして、「今、こういう漫才が流行ってるから、こんな感じのどう?」みたいになる。すべて借り物。「自分」がまったくありませんでした。

そこで、「僕が一〇割書いてくる」というやり方に変えたわけです。

Q32　初めて本気でネタを作り始めたわけですね

当時、コールセンターで夜勤のアルバイトをしていました。深夜になるとほとんど電話はかかってこず、時間はたっぷりあったんです。その時間を使って一日一本、ブログにネタを書くようにしました。それまでは一ヵ月に一本ぐらいしか作っていなかったので。

大学時代の同級生は、もうすっかり社会人生活にも慣れ、朝から晩まで働いていました。それを見て「二六、七歳にもなって、俺は何をやってんだ？」と情けない思いを抱えていたので、一日一本のネタ作りだけはサボらないようにしました。

ちなみに今も毎日、短めのネタをブログに書き続けています。二〇〇六年くらいから毎年三六五本書いているわけですから、すでに四五〇〇本くらい作っている計算になります。

そうして、めちゃくちゃたくさんネタを書き、めちゃくちゃたくさん人前でネタをやっていると、いろんなことに気づくようになるんですよね。それだけ量をこなしていたら、馬鹿でもウケるところと、ウケないところがわかってくるじゃないですか。嫌でも洗練されていきます。

僕はそれまで、芸人たるもの、いわゆる努力のようなことはすべきでないと思っていたんです。どこか、カッコ悪いことだと思っていた。自分の才能を信じてこの世界に入ったのだから、そんなことをせずとも口を開けて待っていれば、誰かがおいしいものを運んできてくれるに違いない、と。とんでもない思い違いでした。

どんなにおいしいプリンを作る知識と技術を持っていても、それを作って、食べてもらわないことには、誰もその才能に気づいてくれません。

僕はそれまで、プリンを作ったこともないのに「なんで俺がプリン作りの天才だってことに誰も気づかないのだろう」と思っていたんです。

愚かですよね。「若さは馬鹿さ」を地で行っていました。

先輩方は、なかなか芽が出ない若手に必ずと言っていいほどこうアドバイスします。とにかく一本でも多くのネタを書きなさい、と。その通りでした。

僕も今だったら、同じことを言います。プリン職人ならプリンを作りなさい。漫才師ならネタを書きなさい、って。

Q33 「量より質」と言いますが、量をこなさなければ質は上がってこない

量をこなして、初めて気づいたことが二つあります。

一つは、僕らはどうもボソッと言ったときの「小ボケ」がウケるらしい、という点です。たとえば、僕が「今日は足元が臭い中……」とボケて、土屋が「嗅いじゃってるよ。悪い中、ね」みたいな入りをするとポンとウケる。もともと、そういうしょうもないネタが好きだったというのもあります。

ところが、ネタに入るとぜんぜんウケない。だったら、この小ボケをひたすら磨いていけばいいのではないかと考えたんです。

もう一つ気づいたこと。それは、好きなことをしゃべればいいんだということです。

それまでの僕は、ネタ中に噛んでしまうことがよくありました。原因は練習量や技術が足りないからだと考えていました。ところが、そうではなかったんです！

小ボケをしているときは絶対、噛まないのです。自分のオリジナルのネタだから。自分がそういうのが好きだから。

僕は野球と相撲が好きなので、それらのネタもよく書いていました。すると、どうでしょう、やはり噛まないんです。しかも、好きなことだけに熱を持って話すから、お客さんにもその熱が伝わり、笑いが起きる。

僕も何度か出演したことがありますが、『アメトーーク！』というバラエティー番組がありますよね。「家電芸人」「ガンダム芸人」「高校野球大好き芸人」など、共通する得意分野を持つ芸人が集合し、その魅力を語り合うというコンセプトのバラエティーです。

あの番組の肝は、じつは話している内容ではありません。好きなことを夢中になって語っている芸人の様子がおもしろいのです。その表情だったり、身振り手振りだったりが、笑いを誘うのです。

あの番組が長寿であることは、一つの事実を物語っています。好きなものを異様に熱く語るだけで、それはボケになる。

Q34 好きなことを夢中になって語っている人はそれだけでチャーミングですもんね

中川家のネタには、よく電車のシーンが出てきますよね。発車するときのアナウンスや、電車が走る音などのモノマネも抜群にうまい。電車ネタは、中川家の鉄板ネタです。二人が電車が大好きだからです。

僕らがこれまでよく噛んでいたのは、要は、借り物だったからなんでしょうね。オリジナルなスタイルではないのにオリジナルな振りをし、そう思ってもないのにそう思っている振りをしてしゃべっていた。だから、いつまで経っても言葉が体に馴染《なじ》まず、つっかえたり、上滑りしていた。

落語ではネタが体に染み込み、登場人物が勝手にしゃべり出すような感覚になることを「腹に入る」と表現しますが、要は、ネタが腹に入っていなかったのです。

そのことに気づいてからというもの、僕は好きなことばかり、主に野球のことばかりしゃべっていました。

関西にストリークという漫才コンビがいたのですが、ボケの山田（大介）さんは阪神の大ファンでした。阪神のことばかりネタにしていて、それがすごくおもしろくて、人気もありました。だから、ゆくゆくは「西のストリーク、東のナイツ」のような呼ばれ方が定着したらいいなぐらいまで考えていました。

最初の頃は、イチローや松井秀喜のことをネタにしていました。彼らがいかにすごいかをただひたすら語り続けるのです。四分間くらい、ボケは一切なしです。その間、土屋は一言も発しません。それはそれでおもしろい光景だったと思います。

終盤、しびれを切らした土屋が「野球の話はもういいよ」と軽く切れます。そこで僕が「じゃあ、ミスターチルドレンの話でもしましょうか。一茂と三奈は……」と言ったところで、土屋が「それはミスター（長嶋茂雄）のチルドレンだろ」とツッコむ。ここで、どっかんとウケました。

毎回、毎回、最後のオチを言うところは快感でした。それまでの漫才人生で、あんなにウケたことはないというくらいウケましたから。

このスタイルに手応えを得て、オチの部分で「じゃあ、ＡＫＢの話をしますね。秋山、清原、デストラーデという……」「ＡＫＢかと思ったら、ＡＫＤ砲かよ」というオチも使ったことがあります。こちらも大爆笑でした。

Q35　ヤホー漫才誕生前夜。聞いてるだけで、ワクワクします

野球漫才が少しずつ浸透していき、小さな舞台のオーディションなどでは結果が出るようになっていきました。ただ、そこそこの舞台になるとなかなか通りません。結局、ボケがほとんどないので、異色という意味で際立ってはいたんですけど、漫才としては認めてもらえなかったんだと思います。

そこで、熱量とリズムを残しつつ、もう一捻《ひとひね》り加えました。

イチローのことを説明するときに「サブロー」とか、いちいち間違えるようにしたんです。いわば、「小ボケ」です。

好きな人物のことを語っているにもかかわらず間違えるのは不自然なので、昨日、インターネットで調べていたら、イチローというすごい選手を見つけたので、どうしてもみなさんに教えてあげたいんです、という体をとることにしました。昨日、知ったばかりなら記憶違いがあっても不自然ではありません。

出だしですぐに笑いをとりたかったので「ヤフーで調べました」というところを「ヤホーで……」と間違えることにしました。

ボケるたびに、土屋が訂正していく。ボケて訂正、ボケて訂正、ボケて訂正。機関銃のように「小ボケ」を連射するという形ができあがりました。ヤホー漫才誕生の瞬間です。僕自身、ボソッと話すほうなので「小ボケ」が合っていたのだと思います。

正直、自分でも、とんでもなくおもしろいネタができたと思いました。

その頃、一ヵ月に一回、事務所の「ネタ見せ」がありました。事務所の人に新ネタを披露するのです。そこでOKをもらえなかったら、ライブにかけられないのです。

僕は自信満々でヤホー漫才を見せました。どうだ、と。ところが、あっさりダメ出しされました。「小ボケばっかりだね」と。

でも、僕らは自信があったので、初めて事務所の方針に逆らってライブでそのネタをかけたんです。そうしたら、会場がまさにうねったのです。言葉が笑いのレールに乗るとは、こういうことなのかと思いました。もう何を言ってもウケる状態です。

その様子を見て、事務所の人の態度もコロッと変わりました。「あのネタ、いいね」と。世の中、そんなものです。

自分がこれだと信じられるネタ。それが最強なのです。

Q36　二〇〇七年、ようやく武器を携えました

ヤホー漫才を発明したことで、二〇〇七年のM－1は、七回目の出場にして初めて三回戦の壁を破りました。準々決勝も通過し、準決勝までたどり着きました。

一回戦からずっと『SMAP』のネタをかけていました。昨日、ヤホーでSMAPのことを調べてきまして……というパターンです。

準々決勝までどの会場でも爆笑をさらっていたので、この調子なら決勝まで行けるだろうと勝手に思い込んでいました。けど、その自惚《うぬぼ》れが、落とし穴でしたね……。

準決勝は、ここらで審査員に他のネタもあるところを見せておこうと、ヤホー漫才の『スピルバーグ』バージョンに変えました。そうしたら、思ったほどウケなかったんです。ネタの完成度が低かったのだと思います。

敗者復活戦では、勝負ネタの『SMAP』に戻しました。やはり、こちらのほうがぜんぜんウケました。客観的に見ても、そこまではいちばん「ウケ量」は大きかったと思い

ます。

でも僕らの後にはまだ、この年、敗者復活枠から優勝することになるサンドウィッチマンが控えていました。サンドウィッチマンがネタを披露したときは、はっきり「負けた」と覚悟しました。ウケ量がハンパじゃなかった。

今でも思うのですが、ナイツが優勝するなら、あの年、敗者復活から決勝に乗り込むというルートがいちばんチャンスがあったのではないかと思います。技術的にはまだまだの部分はありましたが、そのぶん鮮度が高かったし、敗者復活という物語性もあります。

コンビには、やはり旬というものがあります。開花寸前の段階でM-1を迎えるのがいちばんいい。そしてM-1で優勝し、大輪の花を咲かせるというパターンです。

〇七年のサンドウィッチマンがまさにそうだったし、一八年の霜降り明星もそうでした。霜降りは、まずは二〇一七年のABCお笑いグランプリで優勝し、翌一八年の年明けにはytv漫才新人賞も獲《と》りました。関西の新人お笑い芸人の登竜門を立て続けに突破し、滑走路に入って、まさに飛び立とうとしているところでした。

もし、あのタイミングでM-1のタイトルを獲れなかったら、目新しさがなくなるぶん、その後は苦戦してたんじゃないかな。

Q37　初めての決勝の舞台は、いかがでしたか？

二〇〇八年一二月、ナイツはM-1決勝への切符を初めて手にしましたが、コンビのピークは過ぎつつあったと思うんですよね。

あの年、僕らをピークへと導いてくれたのは、『爆笑レッドカーペット』という全国放送のネタ番組でした。持ち時間一分から一分半というショートネタ番組だったのですが、僕らはそこで何度もヤホー漫才をやらせてもらいました。

お陰で、あの年は、M-1を迎えるまでは賞レースでも負け知らずでした。まず在京プロダクション所属の芸人で争われるお笑いホープ大賞を受賞しました。新人発掘のためのコンテストで、歴代受賞者の中には、アンガールズ（二〇〇四年）や東京03（二〇〇六年）もいます。

続いて、NHK新人演芸大賞も受賞しました。一九五六年から続く由緒ある新人賞です。

かつては爆笑問題も受賞しています。

どこでやっても大爆笑をとれるし、周りの評価もついてきた。アスリートで言えば、ゾーン状態でした。恐れ多くも、M－1も当たり前のように優勝できるのではないかと思っていたくらいです。

でも、その頃には、少しずつ下降線に入っていたんでしょうね。ヤホー漫才の鮮度も落ち始めていた。

M－1決勝の第一ラウンドは、その年、もっとも完成度の高かった『宮崎駿』で行くことにしました。ヤホー漫才の中でも、もっとも自信のあるネタでした。

ただ、優勝を意識し過ぎたのか、本番では、ガチガチに緊張していました。M－1だからと、柄にもなく練習したのもよくなかったんだろうな。いつも通りやればいいと言い聞かせながら、準備段階からしていつも通りではありませんでした。

何なんだろうな、あのM－1の緊張感は。生きるか死ぬか。戦場を経験したことはないですけど、戦場って感じがする。いつも通りやるなど、不可能。

出番前、土屋は血の気が引いていました。僕も口の中が極端に渇いて、舌が張り付き、口もうまく回りません。

そんな状態なので、出だしからテンポは最悪。その上、「あ、観たことある」と思ったお客さんも多かったのだと思います。一分を過ぎてもぜんぜんウケませんでしたね。

土屋も思ったはずです。「あ、ヤバい」と。もう、そこで二人とも優勝は諦めていました。

Q38 M-1の怖さ、漫才の怖さが伝わってきます

寄席は一五分くらいあるので、出だしの一分で滑っても、修正しようと思えばできるんです。ただ、M-1はたった四分しかない。一分どころか、最初の三〇秒でほぼ勝負は決まります。

歴代の優勝者のネタを観れば明らかですが、どのコンビも開始三〇秒までには中くらいの笑いをとっています。出だしでそれくらいの笑いをとっておかないと、最後、うねらすまでに持っていけない。一〇〇メートル走でもスタートに失敗したら、最後、トップスピ

ードまで持っていけませんよね。それと同じことです。

僕らと同じように、出だしで「あ、ヤバい」という経験をしたコンビは、いくらでもいるんじゃないかな。僕がよく覚えているのは、第二期の最初の大会、二〇一五年の最終決戦のジャルジャルですね。

第一ラウンドで、変なイントネーションの言い回しや聞いたこともないような諺《ことわざ》を多用するネタで、最高得点を獲得しました。一位通過なので、最終決戦の順番を決める権利があります。当然、ラストの三番目を選びました。M－1の黄金の優勝トロフィーに指一本、引っかかっていたと思います。

最終決戦、ジャルジャルは一本目と似たようなパターンのネタを持ってきました。最初の一分くらいで、残酷なくらいお客さんの気持ちがサーッと引いていくのがわかりました。

お客さんは、次はどんな新手のスタイルを見せてくれるのだろうと期待していたぶん、失望が大きかったのだと思います。本人たちは同じようなネタで、さらに爆発させようと思ったのでしょうが、お客さんは違った。「同じだ」と既視感を覚えられてしまったのです。

ジャルジャルは、システムや発想の斬新さで勝負するコンビです。要は、ネタです。人間性はほとんど見えないですし、ミキのような話術があるわけでもない。お客さんがジャルジャルに期待したのはただ一つ、新しいスタイルでした。

前半のジャルジャルの表情を見ていて、完全に心が折れているのがわかりました。後藤（淳平）君は、顔が引きつっていましたね。

〇八年の僕らの一本目のときの記憶が甦《よみがえ》りました。僕らは残りの三分は、何とかかんとかセリフが出てきたという感じでした。崩壊寸前のところで、お互い必死で堪えていました。自分たちで作ったセリフなのに、言わされていた。

平常心ではないので「宮崎駿」を「宮崎勤」と言いかけ、「アブね」と思ったくらいです。生放送で、そんなミスしたら放送事故になってしまいます。

僕たちは四番目の登場だったのですが、そんなボロボロの内容でも、そこまでトップの得点が出ました。正直、「あれ？」という感覚でした。

最終的に三位で、最終決戦まで進みました。そこではヤホー漫才の『SMAP』バージョンを持ってきました。もう緊張しませんでしたが、やはりウケませんでしたね。

結果もゼロ票。当然だと思います。それが答えなのだと受け止めました。二〇一五年のジャルジャルと同じように、システムだけが評価されたのです。

Q39　線路の継ぎ目のように、ネタもあそびの部分が必要なんでしょうね

当時のヤホー漫才は台本で一言一句、セリフが決められていたんです。それをある意味、機械になったつもりで、淡々となぞっていた。

「ネットで調べてきました」という人を演じているという意味では、あれもコントです。その上、システムの縛りも強い。

その手の漫才の弱点は、テンポが狂ったときに修正が利かないところです。アドリブを入れるわけにもいきません。ヤホー漫才はそもそも間違えたことを言っている人のコントなので、本当に間違えて「間違えました」と言ったら、むちゃくちゃになってしまいます。

このネタで失敗したら、壊れたロボットです。二〇〇八年の第一ラウンドが、まさにそんな状態でした。今なら、少々のアクシデントが起きても対応できます。でも、あの頃は

無理でした。

コントは芝居ですから、せっかく作った非日常空間を壊すようなことはできないわけです。わかりやすく言えば、携帯電話が鳴り出しても「鳴ってますよ」とは言えません。

それに対し、しゃべくり漫才は、日常の延長にあるという設定なので、ある意味、なんとでもなります。携帯電話の呼び出し音が聞こえたら「お迎えが来ちゃったかな?」とツッコんでも、何事もなかったかのように漫才に戻れます。しゃべくり漫才はアクシデントに強い。コンテストで強いのもうなずけます。

しゃべくり漫才は、聞くたびに違います。その日の環境や客層に合わせて、もっともいい温度で漫才を提供しているからです。うまいコンビほどそれが顕著で、中川家もそうです。

中川家の台本は箇条書きで一〇行前後、大まかな流れが書いてあるだけだそうです。だから、あんなに自由に、楽しそうにできるのです。

剛さんが変なことを言っても、礼二さんはそれをどんどん笑いに変えていく。会話が生きていて、言わされているセリフが一つもありません。

落語のネタは原則、師匠から弟子への口伝です。台本に起こしたりはしません。台本にすると、セリフを言わされているような感じになるからです。その流儀は、中川家と共通していますね。

僕も今は、あんまりカッチリした台本にしないようにしています。お芝居と違って、話芸は、やはり余白が大事なのだと思います。あそびの部分ですね。

一六年王者の銀シャリの漫才も観るたびに変化しています。

橋本（直《なお》）君は、ツッコミの味付けをしょっちゅう変えている。今、日本中のボケの人に「コンビを組み直せるとしたら誰がいい？」というアンケートをとったら、橋本君は断トツなのではないでしょうか。どんなにしょぼいボケでも、あっという間に調理して、お客さんを魅了してしまう。

彼の言葉のセンス、話術、声質。ほれぼれします。表現は乱暴ですが、言葉でお客さんの襟首を持って、ぐいとステージのほうへ引き寄せてしまうぐらいの強さがあります。

あのような人材が次々と出てくるところに関西芸人の、もっとストレートに言えば、吉本興業の層の厚さを感じますよね。

Q40　吉本芸人の王者が多いのは、ある意味、当たり前ですよね

吉本所属のコンビが勝つと、M－1後、ネットで「吉本贔屓《びいき》だ」というような書き込みをよく見かけます。それは見当違いです。選手層が違うので、当たり前の話なんです。

どういう勘定の仕方をしているかは不明ですが、現在、吉本の芸人は約六〇〇〇人いると言われています。東京のタレント事務所が抱えている芸人の数は、多くてもだいたいが数十人程度です。在京事務所が束になっても、メジャーリーグと日本プロ野球ぐらいの差はあると思います。

メジャーでトップに立った日本人選手は何人いますか。トップの定義も曖昧ですがイチローを筆頭に数人と言っていいでしょう。

M－1は過去一四大会で、〇二年のますだおかだ（松竹芸能）、〇四年のアンタッチャブル（人力舎）、〇七年のサンドウィッチマン（フラットファイヴ・当時）と三組の非吉本コンビが優勝しています。漫才の本場は関西であり、吉本です。そのことを考えたら妥当な結

果だと思います。いや、よくぞ吉本は三組も譲ったなとすら思います。

そもそもM－1は吉本がお金を出し、吉本が立ち上げたイベントです。いわば、吉本が所属芸人のために設えた発表会なのです。

漫才協会でも毎年夏に「漫才新人大賞」というコンクールを開いています。〇三年、第二回大会でナイツも大賞をいただきました。

もともと協会所属の芸人のための大会だったのですが、一時期（二〇〇七～一五年）、非所属の芸人にも門戸を開いたことがあるんです。でも外から来た芸人の優勝者が続いてしまい、再び内輪だけの大会に戻しました。漫才協会の若手を売り出すための大会なのに、それでは意味がないですから。主催者として、当然の判断だと思います。

そこへいくと、吉本は懐が深い。オードリーのように、優勝しないまでも決勝に進出したことで全国区となり、そのお陰で売れた芸人も何人もいます。

本来、僕らはM－1の階段を上れるだけでも幸せなんです。卑屈になる必要はまったくありませんが、非吉本芸人は、不利を承知で敵地に乗り込んでいくのだというくらいの覚悟はあっていいと思います。

Q41　ナイツは「お笑いで天下を取る」みたいなイメージとは少し違いますね

　M－1の決勝の舞台は、やはり格別です。

準決勝までは割と地味な会場、舞台装飾が多いのですが、決勝になると、途端にきらびやかになります。ド派手な電飾、せり、スモーク、出囃子《でばやし》。そして、超豪華な審査員たち。漫才において「気合い」みたいなワードは、もっともふさわしくありません。逆効果にすらなると思います。

　でもM－1は、特にあの決勝は、それが似合うんですよね。ハマる。きらびやかなステージにハイテンションで飛び出し、情熱をほとばしらせながら四分間を一気に疾走する。
○四年のアンタッチャブルも、○五年のブラックマヨネーズも、○六年のチュートリアルも、○七年のサンドウィッチマンも、歴代王者のほとんどがそうでした。そういう芸人が映えるのです。
　でも、残念ながら、僕たちにはそういう瞬発系の筋肉がなかった。一〇〇メートル走の選手ではなかったのです。気合いを入れて、感情を剝き出しにすれば奏功するようなネタでもありません。

僕らの本職はあくまで寄席です。一五分のステージで、淡々と、ゆったりやる芸のほうが合っています。スロースターターでなければもたないし、基本、ローテンション漫才なんです。

二〇一〇年の決勝では、審査員の渡辺正行さんに「今ひとつ、勢いがない。勝ちにいくぞ、という気持ちがちょっと見えない」と言われました。でも、そこが僕らさ。

大会前、急ごしらえで四分の練習をするのではなく、常日頃から、四分、五分のライブに出ているやつのほうが強い。僕らに足りなかったのは、そこだったと思っています。

二〇一八年M－1の審査で、僕はギャロップに対し「四分の筋肉が使い切れてなかった」という表現を使いましたが、僕らもそうだったのです。

Q42　M－1は、漫才という競技の中のM－1という種目の大会なんですね

突き詰めれば突き詰めるほど、M－1は特殊なコンテストですよね。漫才日本一を決めると謳いつつ、でも、実際は漫才という競技の中の一〇〇メートル走の日本一を決める大会なのです。

本来、漫才の中には、もっといろんな種目があります。一五〇〇メートル走もあれば、一万メートル走もある。

競馬における「距離適性」があるように、漫才師にも「時間適性」というものがあります。

二〇一二年から年に二～三回のペースで、中川家とサンドウィッチマンと僕らで「漫才サミット」というライブを開催しています。そのときのトークコーナーでも「ちょうどいい時間ってあるよね」という話になりました。

サンドウィッチマンは短距離型なので五分ぐらいがいい。まさにM－1型です。四、五分のネタを量産している。テレビにいちばん強いタイプですね。競馬で言うと、もっとも短い一二〇〇メートルを得意とするスプリンターや、一六〇〇メートルを得意とするマイラーに区分されます。

漫才サミットでは三組が約三〇分ずつ出演するのですが、サンドウィッチマンは短いネタをフリートークでつないでいます。

それに対し、中川家は今は四、五分のネタは、ほとんど作っていないと思います。一五分ぐらいのネタが多いのではないでしょうか。ただ、彼らくらいの技量があると、ある程度、それを延ばしたり縮めたりはできる。漫才サミットでは二〇分くらいのネタを用意しておいて、それにちょっとした雑談を加えます。その日の会場周辺で見かけたおもしろい出来事とか、前のコンビのネタをちょっといじって、きれいに三〇分で収める。

サンドウィッチマンはネタとフリートークが完全に乖離《かいり》していますが、中川家の場合は、そのつなぎ目が見えないよう工夫しています。これもしゃべくり漫才だからこそのテクニックでしょうね。

僕らはというと三〇分、ずっとネタをしています。僕らはやれと言われれば、それぐらいの時間は簡単にできます。完全な長距離型なのです。競馬で言うと二四〇〇メートル以上を得意とするステイヤーです。

やったことはないですが一時間でも二時間でもできると思います。ただ、僕らもお客さんも集中力がなくなるので、途中からウケなくなるでしょうね。

Q43　二〇分以上のネタをやらせたら、ナイツは日本一です

漫才にクラシック三冠のように、二〇〇〇メートルの皐月賞《さつきしょう》、二四〇〇メートルの日本ダービー、三〇〇〇メートルの菊花賞と、時間ごとの大会があったとしたら、三冠王候補は断トツで中川家でしょうね。

ナイツは菊花賞は強いけど皐月賞は向いていないし、サンドウィッチマンは皐月賞は一番人気でしょうがダービー、菊花賞はきついと思います。

ただ、僕らはそこに甘んじてしまうとテレビの仕事がきたときに苦労するので、常日頃から意識的に四、五分のネタも作るようにしています。

去年のM－1で、霜降り明星と最後まで競り合い鼻差（一票差）で敗れた和牛も短距離型というよりは中距離型だと思います。

予選の場合、制限時間を三〇秒過ぎると爆発音がし、強制終了させられます。ただ、決

勝は生放送中なのでそれはできません。そのためオーバーするコンビが出てきます。

和牛もそうでしたが、うまいので長さはほとんど感じませんでした。ただ、持ち味を出そうとすると、どうしても長くなっていってしまうのだと思います。

和牛の漫才は、コント漫才です。前半、巧みに伏線を張りつつ話を進めていき、最後で一気に回収し爆笑を誘う。その構成力はカタルシスを覚えるほどですが、うねりは起きにくい。入りがロー過ぎるのです。

僕らもM－1のときはローテンションで入って、そこから徐々にハイテンションに上げていくパターンだったのですが、四分だと、お客さんがその急激な変化についてこられませんでした。

霜降り明星のようにハイテンションで入り、ハイテンションのまま駆け抜けたほうが、戦術的には確かです。霜降り明星は一〇〇メートル走でも息切れしちゃうくらい出だしからアクセル全開でした。彼らは、八〇メートル走くらいがいちばん合っているのかも。

二〇一九年、和牛がM－1に参戦するかどうかはわかりませんが、僕は、スタイルを変える必要はないと思います。ここは強く言いたいところなのですが、M－1で勝つことがすべてではありません。

Ｍ－１は漫才師なら誰もが憧れるタイトルです。一時期を捧《ささ》げるのに、十分過ぎるほどの価値がある。でも、いちばんやってはいけないことは、Ｍ－１を意識し過ぎるあまり、自分の持ち味を見失ってしまうことです。

芸人生活は何十年と続きます。コンテストはモチベーションの一つにはなりますが、そのためにやっているわけではありません。

Ｍ－１に挑戦するという若手に僕はよく「優勝を目指さないほうがいいよ」とアドバイスします。心からそう思えるようになったとき、初めて自分らしさが出ますから。

Ｍ－１の「傾向と対策」は存在します。できることはしたほうがいい。でも最終的には、今の「自分」で戦うしかない。

第四章　「逆襲」　不可能を可能にした非関西系のアンタ、サンド、パンク

Q44　非関西弁で初めての王者は〇四年のアンタッチャブルでした

関西は一六〇キロを投げるやつがゴロゴロいるような世界です。東京だと一五〇キロぐらいでも、すごく速く感じますが、関西ではほとんど目立ちません。

関西弁というフォームでなければ一六〇キロの壁は、突き破れないのかもしれませんね。もちろん、例外はいます。M－1の歴史の中で、関西弁以外で一六〇キロを投げたのは唯一、アンタッチャブルでしょうね。

アンタッチャブルは、化け物のようなコンビでした。僕がアンタッチャブルを初めて観たのは、〇二年頃、小さなライブハウスでした。その段階で、彼らには一生勝てないと悟りました。言葉の勢いというか、圧力がすごいんです。その上、とにかく楽しそうにやっていました。

アンタッチャブルは〇三年、敗者復活戦から決勝に進出し、いきなり最終決戦の舞台に立ちました。最終決戦は、フットボールアワー四票、笑い飯三票、アンタッチャブル〇票という結果に終わりました。

あそこで優勝してもおかしくないくらいの衝撃でしたが、相手が悪かったのかもしれません。三年連続で決勝に出ていたフットボールアワーの完成度は他を圧倒していました。ボケの岩尾（望）さんの抜けた感じと、ツッコミの後藤さんのボキャブラリーの豊富さは、格段にレベルアップしていました。王者中の王者と言っていい風格がありましたからね。

でも、大会委員長の紳助さんはアンタッチャブルのことを「すごい、すごい」と大絶賛していました。「三組、点数にしたら、みんな一点差くらいでしたわ」と総評したように、誰が優勝してもおかしくないような内容だったと思います。

翌〇四年も、アンタッチャブルは決勝に出場しました。優勝候補として注目を集める中、その重圧などものともせずに会場をうねらせていました。

第一ラウンドで当時、歴代最高となる六七三点（〇一年は、一〇〇〇点満点制だったので除外）を叩き出し、危なげなく最終決戦に進出。前年とは対照的に、アンタッチャブルは七人中六人の票を集め、ぶっちぎりの優勝を飾りました。

Q45 「べらんめえ調」なら関西弁に対抗できるかもしれませんね

アンタッチャブルは、M‐1史上、初めての関西以外の出身者同士のコンビで王者となりました。また大阪以外の事務所所属の芸人が勝ったのも、初めてのことです。

二人は僕ら関東芸人にとっての一番星です。

「ザキヤマ」こと山崎（弘也《ひろなり》）さんが埼玉県春日部市出身、柴田（英嗣《ひでつぐ》）さんは静岡県静岡市出身です。ただ、柴田さんの口調は、どこか「べらんめえ調」を連想させますよね。いわゆる江戸言葉です。「てやんでぇ」「こんちくしょー」みたいな。威勢がよくて、歯切れがいい。

柴田さんが、どうやってあの言葉を身につけたのかはわからないのですが、江戸弁を繰れるなら、関西弁にも対抗できるかもしれません。

江戸落語は江戸弁が基調です。『大工調べ』という大工の棟梁が長屋の大家さんにブチ切れるシーン、いわば啖呵《たんか》を切る場面があります。名人が大工調べを演じたときの迫力ときっぷのよさは、まさに一六〇キロ級です。

ただ現代において、江戸言葉で漫才はできません。時代設定が途端に古くなってしまいますから。僕らが使うとしたら、柴田さんのような「江戸言葉風」程度でしょう。

べらんめえ調の漫才師といえば、ツービートで一時代を築いたビートたけしさんがいます。たけしさんくらいの年代の方なら「おいら」とか「あたぼうよ」といっても様になる。

もし、あの時代にM-1があったら、ツービートは間違いなく優勝していたでしょうね。たけしさんのしゃべりも、あの時代で、一六〇キロ近く出ていたと思います。あの漫才を継ぐコンビが出ていたならば、「東京漫才」という言葉が定着していたかもしれません。

いや、もう一人いましたね、東京人で一六〇キロをマークしたことのある強者が。ナイツの第二の師匠でもあり、大恩人の放送作家・高田文夫先生です。高田先生のしゃべりは七〇代にしてなお一五〇キロは出ていると思います（是非、『ラジオビバリー昼ズ』を聞いてください）。まさに演芸界の村田兆治です。誰とからんでも漫才のような掛け合いになるんです。『ビートたけしのオールナイトニッポン』で、二人の掛け合いが毎週聴けていたなんてゾクゾクします。

話し言葉は、育った環境に大きく影響されます。漫才師を志してからそれを変えるというのは、とてつもなく難しいことです。言葉を変えるだけなら簡単です。でも、その変えた言葉に魂を乗せることができなければ漫才では使えません。

最近は、若くてもうまい落語家はたくさんいます。でも、話がなかなか耳に入ってこない。江戸弁が自分の言葉になってないからです。話の完コピは誰にでもできます。しかし江戸弁を自家薬籠中のものにするには一〇年、二〇年とかかる。話芸で使える話し言葉を新たに身につけるというのは、それくらい大変な作業なのです。

Q46　関東の日常言葉は感情を乗せにくい。漫才に不向きなのでは

アンタッチャブルを見ていると、今も東京に江戸弁が残っていたら……と思わないでもありません。もし残っていたら、「江戸漫才」が連綿と受け継がれていたのではないでしょうか。

東京は西の大都市と違って、昔から、地方からの移住者の割合が非常に高い街です。い

ろんな地域の言葉が混ざり合い、現在の関東の日常言葉ができあがっています。その過程で、個性が強い江戸弁も、どんどん角が取れていったのでしょう。

江戸言葉は気の早い江戸っ子が使っていた言語ですからね。よそ者が多く住む街で江戸弁を使っていたら、あちらこちらでケンカになっていたと思います。

東京の日常言葉はまず、誰もが聞き取りやすいよう発展してきたのだと思います。そして、もう一つ、諍《いさか》いが起きないよう感情を読み取られにくい言葉として変化を遂げてきたのでしょう。

漫才をする上で、今の東京言葉が勢いをつけにくく、かつ感情を表現しにくいのは、そういう背景があるんじゃないかな。上方漫才の核である「怒り」を表現するには、もっとも不向きな言葉だとも言えます。

だから僕らもヤホー漫才のように気持ちを入れない機械的な漫才に行きついたのだと思います。

関西弁の漫才師が気持ちよさそうに感情を言葉に乗せているのを見ると、正直、うらやましくなるときがあります。

今、関東の人でも、すごく楽しいことを「めっちゃ楽しい」と表現しますよね。「めっちゃ」は関西弁です。関西芸人が次々と東京に進出してきた影響で、今では関東でもすっかり定着しました。「すんげえ」とか「ほんと」よりも、感情を込めやすいんでしょうね。

Q47 関東の言葉で好きな人に告白するのは本当に難しいですよね

好きな人に告白するとき、関東人は何と言いますか？「好きです」か「好きだ」ですよね。強調するなら「とても好きなんだ」みたいな感じでしょうか。本当に言いにくい。嘘くさくて、噛みそうです。

そんなとき、関西人は何と言うか。ものすごくいい言葉があります。やしきたかじんさんの曲名にもありますが、「好きやねん」です。思いの深さを伝えるなら「めっちゃ好きやねん」と、伝家の宝刀「めっちゃ」をつければいい。これなら噛まずに言えそうです。

関西弁に限らず、方言は「感情」を伝えるのに非常に適しています。本来、言葉とはそういうものなんでしょうね。それに対し、東京の日常言葉は「意味」だけを伝達する道具のようなものになってしまいました。

漫才界でも有名どころでは、博多華丸・大吉は博多弁、千鳥は岡山弁、U字工事は栃木弁、カミナリは茨城弁を使います。それは気持ちを入れやすいからです。

僕は小学校五年生から高校生まで計八年間、佐賀県に住んでいました。高校生のとき、福岡吉本主催の「激辛!? お笑いめんたい子」という漫才コンテストで優勝したことがあります。ダウンタウンが司会をしたこともあるほどの大会です。そのときは佐賀弁で漫才をしていました。

今でも佐賀弁は話せますし、感情移入しやすい部分もあります。ただ、現実問題として今さら僕が佐賀弁で漫才を始めるのも不自然ですし、僕が佐賀弁、土屋が東京言葉というのも明らかにおかしいでしょう。

ちなみに、佐賀で好きな女の子に告白する場合は「すいとーばい」です。いいですね。じんわりと気持ちが伝わってきます。

Q48 「絶対漫才感」という言葉をよく使いますよね

生まれつき歌のうまい人って、いますよね。美空ひばりさんや宇多田ヒカルさんのような人です。

同じように生まれつき漫才がうまい人もいるんです。関東言葉であれだけ早口でまくし立てられるアンタッチャブルの柴田さんは、そうでしょう。あのテンポを漫才で生かさない手はありません。純然たるコントにしたら、やや鈍ると思います。

兄弟漫才師としてブレイク中のミキもそうです。ネタはまだまだですが、漫才になるとおもしろいし、心地いい。お兄ちゃんの昴生のツッコミのお陰です。「やめて！」とか「ややこしいわ！」とか。

関東の人間からすると、やかまし過ぎる嫌いはありますが、普通の芸人は、あんなに強くはツッコめません。強くツッコむというのは単純に声を大きく出したり、強く叩けばいいというものではないんです。センスが必要なのです。

相方の土屋は一生、昴生のようなツッコミはできないと思います。芸歴八年で、あれだけうまいということは、やはり「絶対音感」ならぬ「絶対漫才感」のようなものがあるのだと思います。

楽屋でも、僕がボケたら昴生は「ちゃうわ！」とかツッコんでくれます。ツッコまずにはいられないのだと思います。ボケからすると、あんなに気持ちのいいツッコミはそういません。関東だと、ハライチの澤部（佑《ゆう》）のツッコミも気持ちがいいです。「うるさいわ！」とか「また言ってるぅー！」とか。

昴生も澤部も一緒にいると体調がよくなります。

舞台上で激しくツッコんでいる芸人でも、楽屋ではたいてい大人しいものです。昴生や澤部が異常なのかもしれません。「先天性ツッコミ」という病気なのでしょう。裏を返せば、恐るべき才能です。

アンタッチャブルは、M‐1に出ている頃は、ツッコミの柴田さんのほうが評価されていました。ところが、その後、ピンでの活躍ぶりを見ると、ザキヤマさんは同等か、それ以上の怪物であることがわかってきました。

ザキヤマさんのすごいところは、誰でもザキヤマさんに対してツッコめるところです。もっと言えば、ツッコまずにはいられない。お笑い界の「ウワバミ」です。どんなツッコミでも飲み込み、自分を輝かせる餌にしてしまう。

ツッコミのお陰でボケが「俺ってうまくね？」と勘違いしてしまうケースはけっこうあるのですが、逆のケースはそうありません。普段、ツッコまない僕でも、ザキヤマさんにツッコみたくなるし、ツッコむと「俺もツッコミできんじゃん」と思わせてくれる。

漫才をしているときのザキヤマさんは、むしろ柴田さんに縛られていたのかもしれません。解放され、大化けしましたね。

ザキヤマさんは、言うなら「先天性ボケ」という病気持ちです。同じボケとしては驚異です。

Q49　海砂利水魚がM-1に出ていたら……

アンタッチャブルや僕ら一九七〇年代生まれの関東の漫才コンビの源流は、海砂利水魚

(現くりぃむしちゅー)にあると思うんですよね。二人は熊本出身で、大学で東京に出てきました。

最近、若手で急上昇中のからし蓮根《れんこん》も、コンビ名から想像つくように熊本出身です。二人は熊本弁で漫才をしています。

一方、海砂利水魚のイメージは言葉もそうですが、完全に東京の芸人です。

僕らが漫才を始めた頃、関東のコンビ芸人でおもしろかったのは爆笑問題と海砂利水魚ぐらいでした。周りの芸人も、みんな憧れていました。

ただ、爆笑問題は時事ネタなので、少し特殊です。そこへいくと海砂利水魚は僕たちが参考にできそうな部分がたくさんありました。僕はそれこそビデオテープが擦り切れるほど二人のネタを観て勉強しました。

海砂利水魚の師匠は、コント山口君と竹田君（以下、山竹）です。山竹さんは、しゃべりがうまく、漫才に近いコントでした。同時代の東京には、他にもゆーとぴあ、チャーリーカンパニー、コント・レオナルドなどのコント師がいました。でも、山竹さんのように話術でお客さんを引き込む力はありませんでした。

海砂利水魚は、師匠から受け継いだコントをさらに漫才に近づけました。設定はタクシーの中とか公衆電話とかありきたりなのですが、ボケとツッコミのセンスが今風というか、洗練されていたんです。

のちに「たとえツッコミ」と呼ばれましたが、時期的にズレていることに対し「一一月に冷やし中華を始めましたみたいなもんだろ」とか、話が進まないことに対し「一月三日の高速道路か」とか。

あれくらい言葉に敏感なら、軸足を漫才に移しても遜色なくできていたはずです。もう五年早くM－1が始まっていたら、関東芸人で最初に優勝したのは海砂利水魚だったのではないでしょうか。

ボケの有田（哲平）さんも、完全に「笑い脳」の人です。漫才をやろうと思えば、まだまだできる方です。近い将来、今の二人が作ったネタを是非、観てみたいものですけどね。

アンタッチャブルも海砂利水魚のエキスを感じますよね。コントでありながら、海砂利水魚のような言葉のセンスがあり、さらには圧倒的なしゃべりの技術があった。それが化け物コンビ、アンタッチャブルだったのだと思います。

Q50　爆笑問題がM－1に出ていたら……

今、東の横綱といったら文句なしに爆笑問題です。その爆笑問題がM－1に参戦できる年代に生まれていたならば、どうなっていたんでしょう。

時事ネタは最低限、説明の時間が必要なので、距離適性で言うと、中距離から長距離向きなんです。もちろん、爆笑問題ほどのコンビなら、M－1があったらあったでM－1仕様の時事ネタ漫才を見せてくれていたと思います。

実力的には、間違いなく決勝まで来ていたでしょうね。ただ、パターン芸だけに一発目で優勝を逃した場合は難しかったかもしれません。

それより何より爆笑問題がすごいのは、今も現役の漫才師だということです。時事ネタ漫才の強みは、そこにあります。常に新しいネタができる。

今、僕が自分でお金を払ってでも観に行きたい漫才師のナンバー1は爆笑問題です。同じ時事ネタをやる者同士、今年のニュースをどうやって斬るのだろうと楽しみで仕方ありません。

時事ネタ漫才ができるコンビは、言ってみれば「フグの調理師免許」を持っているようなものだと思うんです。つまり、世相の毒抜きがうまい。爆笑問題の毒抜きは天下一品です。

ただ、不思議と関西では時事ネタをやる漫才師が出てきません。西川のりお・上方よしお師匠やトミーズが、枕で少し触れる程度です。どんなに触れにくいことでも、うまく毒処理して視聴者に召し上がっていただく。それも芸人の重要なミッションだと思うのですが。関西の芸人は、案外、毒抜きが苦手なのかなとも思います。

松本さんが情報番組『ワイドナショー』でしゃべっているコメントは、あれはそのまま時事ネタ漫才になるのですが、松本さんはそういうとらえ方はしないんでしょうね。

一つ、おもしろい比較があります。爆笑問題の太田（光）さんは『ワイドナショー』の裏で放送されている情報番組『サンデー・ジャポン』の中で、じつはあんまり突っ込んだコメントはしていません。漫才ネタとしてとっておきたいのだと思います。

その点、松本さんにはそういう魂胆はないので『ワイドナショー』で惜しみなくボケています。

ダウンタウンが時事ネタ漫才をやったら、爆笑問題に匹敵するでしょうね。

Q51　改めて、コントと漫才の違いは何でしょう

コントと漫才の違いは、簡単に言えば、小道具を使うか否かです。コントは舞台上にイスや机をセッティングできるし、舞台に合った衣装を着ることもできます。場合によっては、衣装やメイクで笑いをとることもできる。

一方、漫才で使えるのは原則、スタンドマイク一本だけ。したがって漫才は、コント以上に言葉のおもしろさが求められるんです。

コント師と漫才師はどちらが多いと思います？　日本最大のコントコンテスト『キングオブコント』とM－1のエントリー数を比較してみましょう。『キングオブコント』は二〇一一年が最高で三〇二六組が出場しています。ただ、ここ四年は二五〇〇組前後で落ち着いています。

冒頭で紹介したようにＭ－１のエントリー数は過去最高が第一〇回大会の四八三五組で、ここ二年も四〇〇〇組を超えています。

やはり漫才師のほうが多い。小道具が必要ないぶん、営業などでも手間がかからないから重宝がられるんですよ。

その昔、動きで笑いをとるのがコントだと言われていた時代もあります。ただ、それは漫才師がセンターマイクしか使えなかった時代のことです。

センターマイク一本だと、漫才師はマイクの前から動けません。ところが、最近の漫才の舞台は、ガンマイクやピンマイクなどで声を拾うケースがほとんどです。場合によっては、センターマイクは単なる飾りの場合もある。今の漫才は昔のコントのように舞台を広く使えるので、コント同様、動きで笑いをとることもできます。

〇四年のＭ－１で準優勝した南海キャンディーズも、ステージの端から端まで、かなり大胆に使っていました。

ただ、僕は今でもマイク一本のほうがやりやすいですし、マイク一本でやりたい。漫才とは言葉による芸だという自負があるので。

Q52　ハライチは、どう思われますか？

漫才はドラクエに似ているところがあるんですよ。続ければ続けるほど経験値が上がっていく。

たとえば、上方漫才の重鎮たち、オール阪神・巨人師匠や中田カウス・ボタン師匠は、もうレベル99と言っていいでしょう。僕らもレベル50くらいはいっているかもしれません。ドラクエにおいて、経験値はもっとものを言います。ただ、経験値が低くても戦う方法があります。それは、強い武器を持つことです。

○九年、一〇年、一五年、一六年とM－1決勝に出場したハライチもそうでした。澤部が、岩井（勇気）のボケに対してツッコまずに、一緒になってボケ続けていくので「ノリボケ漫才」と称されました。

一般的によく言われるのは「ノリツッコミ」です。たとえば「ボールペン貸して」と言って、バナナを差し出されたら、「うまく持てねえな……って、バナナじゃねえかよ」みたいな。相手のボケに一度乗ってからツッコむから、ノリツッコミです。

ノリボケというのは、バナナを差し出されたら、「俺、こういう太いのが好きなんだよ。ぐにゅっとしてるけど、なめらかな書き味だし」のように乗っかって、さらにボケることを言います。通常では、ないパターンです。

〇九年、ノリボケ漫才を初めて観たときは「なんなんだ、こいつら」という強烈なインパクトがありました。

ペットを飼いたいという岩井は、まるで澤部にお題を出すかのようにナンセンスなフレーズでボケ続け、澤部が必死に食らいついていくのです。

岩井「空気読むペット」

澤部「別れ話とかしてるときにきゃんきゃん来られても、空気読め、馬鹿！ってなりますからね」

岩井「抜け目ないペット」

澤部「二日酔いのときとか、ウコンくわえて走ってくるのかな。枕元にそっと置いといてくれるんでしょうね」
岩井「場慣れしたペット」
澤部「場数踏んでるからね、あいつはね。奥のほうで、どっしり、ベテランですけど、わん、ってね」
岩井「食べられるペット」
澤部「最悪な。最悪、最悪食料が底をついたらな。あいつ、食べよ」

彼らもほとんどネタ合わせはしないと聞きました。中にはアドリブもあるのかもしれません。だから、澤部の必死感を演出できるのだと思います。
ハライチには漫才の定石がない。そこが強みです。それにしても、とんでもない漫才を思いついたものです。

Q53　非関西系のM－1王者はすべてコント漫才。なぜですか？

関西には漫才とはこういうものだという伝統と文化がしっかり根付いています。なので、澤部のようにボケ続けるツッコミとか、僕らのように相方を一切見ないボケとかは、考えられないと思います。

そうした戦術は大阪の漫才師にとって、相撲で言えば「変化」であり、もっと言えば「禁じ手」という感覚だと思います。

相撲でいう「ひとまずぶつかれ」同様、関西には、漫才たるもの「ひとまず掛け合って、テンポよくしゃべれ」という大原則がある。

それゆえ、うまいなとは思うものの、発想でぶっ飛んでるなと思わせるような規格外のコンビは大阪からはあまり出てきません。

そこが関東芸人の生きる道です。突き抜けた武器を手にすることができれば、関東芸人でもM－1で勝てるかもしれない。

第一期において優勝した非関西系のコンビには、一つの共通点があります。第一章ですでに触れたように〇四年のアンタッチャブルも、〇七年のサンドウィッチマンも、〇九年のパンクブーブーも、コント漫才なんです。

コント漫才はツッコミとボケだけの直線的な関係性に陥りがちなので、お客さんを含む三角形はつくりにくい。それ以外にも、ミスをしたときに修正しにくい、人間性を出しにくい等々、さまざまなハンディがあります。

その一方で、関東芸人からすると、言葉のハンディがだいぶ軽減されます。しゃべくり漫才と違って、そもそも作り物という設定なので「漫才とはこうあるべき」という固定観念から自由だし、関東言葉の不利もさほど気にならない。

〇八年から一一回を数える『キングオブコント』でも、大阪のグループは〇八年のバッファロー吾郎、一五年のコロコロチキチキペッパーズ、一七年のかまいたちと、三回しか優勝していません。コントには、地域的な有利不利はほとんどありません。

コント漫才なら、ひとまず余計なビハインドは背負い込まずに済むと思います。

Q54　サンドウィッチマンの優勝は本当に劇的でした

○七年は非常に思い出深い年です。一つは、僕らが初めて準決勝まで残った年だからです。そして、もう一つは、あの敬愛してやまないサンドウィッチマンがM-1の階段を一気に駆け上がった年だから。

サンドウィッチマンの「下剋上《げこくじょう》」は敗者復活戦から始まりました。サンドウィッチマンがネタを披露したときには、決まりだな、という空気が漂っていました。それくらいウケ量が断トツでした。

サンドウィッチマンの名前が呼ばれたとき、関東の芸人たちは大喝采でした。背中を叩いて「かきまわしてこい！」と。僕も出場していたので悔しさはありましたが、決まったときは「関東芸人の代表として一泡吹かしてきてください！」という気持ちになりましたね。

M-1は、吉本のイベントですし、歴代優勝者もほとんどが吉本の芸人です。したがって、西のものという感覚があります。関東の芸人はそもそも分が悪い。そこへ同胞が乗り込んでいくわけですから、仲間としては、自然と熱い気持ちになるものなんです。

過去三年の敗者復活枠は、麒麟《きりん》（〇四年）、千鳥（〇五年）、ライセンス（〇六年）と、すでに知名度のあるコンビが続いていました。

そこへいくと、サンドウィッチマンは仙台出身で、まったくの無名で、しかも吉本の芸人でもありません。風貌も、田舎の兄ちゃんが「漫才エリートたちをぶっ潰してやる」みたいな感じがありました。その経歴や雰囲気と、敗者復活で返り咲いたという物語がぴたりとはまりましたね。

当時、敗者復活枠は第一ラウンド最終組というアドバンテージもあり、その勢いがネタにも出ていました。もう、キレッキレでしたから。

そうした意味で、サンドウィッチマンは運も持っていました。実力者ぞろいの決勝では、力量はもちろんですが、この運が大事なんですよ。

Q55　ナイツとサンドウィッチマンのネタは似てますよね

じつは、サンドウィッチマンと僕らのネタは、少し似ているんです。ボケとツッコミのセンテンスが非常に短い。利点は、ボケ数を増やせることです。二行あれば笑いがつくれますから。

その戦術にもっともフィットするのは「言い間違え」なんです。余計な説明に行数を費やす必要がないので、効率がいいのです。

二組の漫才を並べてみますと、その類似性がよくわかるかと思います。

〈サンドウィッチマン『街頭アンケート』〉

ボケ「目のとこに、こう、材木入れますんで」

ツッコミ「モザイクね!」

〈ナイツ『自己紹介』〉
ボケ「一年間ロカビリー生活をするはめになってしまったんですよ」
ツッコミ「リハビリだろ!」

言い間違えだけだと単調になるので、ときどき言葉遊びを入れるところも似ています。

〈サンドウィッチマン『ハンバーガーショップ』〉
ボケ「それでは、厨房《ちゅうぼう》のほうを振り返ります」
ツッコミ「注文繰り返せよ!」

〈ナイツ『自己紹介』〉
ボケ「そのときにですね、不運なことに、ジーコに会ってしまったんですね」
ツッコミ「事故に遭ったんでしょ!」

あとはアクセントの位置を変えるボケも定番です。サンドウィッチマンはポテトのアクセントで「ホタテ」と発音していましたし、僕らも「長男坊」のアクセントを頭に持ってきて「チョウ・ナンボウ」と人の名前っぽく発音したりして遊んでいます。

ただ、僕たちになくて、サンドウィッチマンにあるものがあります。それが、やはり強さなんですよね。

伊達（みきお）さんが「うるせぇな！」とか言うと、ものすごくお客さんのツボにはまるんです。ナイツにはないパワーがある。アンタッチャブル同様、ストレートが速いんです。あれだけボケ数が豊富で、それを際立たせる強さがあれば、コント漫才でも、関東言葉でもM－1で勝負できます。

M－1歴代王者のツッコミを見渡すと、例外なくストレートが速いです。言葉巧みなツッコミも持っていますが、それも速いストレートを持っているからこそ効果的なのです。

Q56　パンクVの〇九年は、笑い飯が史上初の満点を出した大会でもありました第一期、非関西弁系で優勝した三組のうち、残るは〇九年王者のパンクブーブーです。二人とも九州出身ですが、華丸・大吉のように地元の方言ではなく、関東の日常言葉を使っています。華丸・大吉とは対照的に、コンビ結成後、すぐ東京に進出したからでしょう。

彼らの最大の強みはネタです。よくできた短編小説を読んでいるような気持ちよさがあります。パンクブーブーのネタは、少々腕の落ちる漫才師が演じても、それなりに笑いがとれると思います。

この年は、笑い飯の一本目のネタ『鳥人』で、紳助さんが一〇〇点をつけた伝説の大会です。首から下が人間で、首から上が鳥という荒唐無稽なネタで、笑い飯でなければ調理不能な設定でした。

M-1に「うねり指数」を計測する機械があったとしたら、あのときが最高値を記録していたと思います。いや、もはや計測不能だったのではないでしょうか。

笑い飯は一言で言うと、何もかもが強い。ただ、強過ぎる。それが弱点といえば弱点だったのかもしれません。

笑い飯は、漫才界のエルビス・プレスリーです。エルビスはビジュアルといい、声といい、歌いっぷりといいすべてが型破りでした。だから、模倣しようにも模倣できなかった。あえてジャンル分けするなら「エルビス・プレスリー」でしょう。以前も以降もない、唯一無二の存在です。

笑い飯も同じです。ダブルボケを模倣した若手が急増しましたが、およそ似ても似つかないものでした。僕らもトライしかけましたが、入り口付近ですぐ引き返しました。

おそらく「ダブルボケ漫才」というキャッチフレーズが間違っているのだと思います。そう聞くと、二人でボケ合えばできそうな気がしてしまいます。

彼らの漫才もジャンル分けするとしたら「笑い飯」です。「笑い飯」をやる方法。それは笑い飯になるしかありません。

Q57　笑い飯の「チンポジ」事件、どうとらえました?

あの年、第一ラウンドは笑い飯が六六八点、次点のパンクブーブーが六五一点でした。最終決戦は、第一ラウンドの点数が高いほうが三つの点で有利です。

一つ目は、一位が同得票で並んだ場合、第一ラウンドの点数が高いほうが優勝となるからです。二つ目は、一本目の順位が高いほうから最終決戦のネタ順を決められるからです。一位通過者は過去、例外なく三番目を選んでいます。

そして、最後の要素が、もっとも大きなアドバンテージになると思います。二本目のネタをやるときは、一本目とは異なり、客席はすでに温まっています。それに加えて、審査員が一位に選んだというお墨付きがある。その安心感によって、お客さんは心情的に笑いやすくなっている。つまり、優勝する流れができているのです。過去一四回で、一位通過者が優勝したのは八回。野球で言えば、一点リードして最終回を迎えるようなもんでしょうね。

二〇〇九年は笑い飯のリードで、最終決戦を迎えました。

ところが結果は、七人中七人がパンクブーブーに投票するという衝撃的な幕切れでした。笑い飯は、代打逆転サヨナラ満塁ホームランを浴びたようなものです。

笑い飯は、二本目のネタの締めくくりで「チンポジ」と下ネタを連呼し、最後の最後で大滑りしてしまったのです。

そこへいくと、パンクブーブーの二本目の『陶芸』のネタの完成度は圧巻でした。ものすごく綿密に構成されていて、笑いの「数」も「大きさ」もあった。

巷《ちまた》では、笑い飯が意図的に挑発的なネタを仕掛け、わざと自滅したのではないかというような憶測も飛んでいましたが、僕はそれはあり得ないと思います。笑わせにいって滑ったんだと思います。

下ネタでいちばんいけないパターンは、相方が引いてしまうことです。相方が引いたら、お客さんも引きます。

ナイツが決勝に初出場した〇八年の第一ラウンドで見せた『宮崎駿』のネタの締めの部分で「世界でも三本の指が入る映画監督だと思われます」というボケに土屋がさらりと「指に！　だよ」とツッコむシーンがありました。あの感じなら、ネタになるんです。

そこでツッコミが「何言っちゃってんだよ！」みたいなリアクションをとると、お客さんも「下ネタ言っちゃってるよ……」という反応になってしまう。

笑い飯は、単純に、いかにも下ネタを言っているというような雰囲気にしてしまったことが失敗だったのだと思います。もう少しうまく処理していれば、笑いに変えられたのではないでしょうか。

Q58　下ネタもそうですが毒も扱いが難しいですよね

僕は下ネタも漫才におけるボケの一つだと思っているので、他のボケと同じような雰囲気で言えば何も問題はないと思っています。もちろん、程度はありますが。

この年の最終決戦は、総括で紳助さんが「楽な審査でした」と発言していましたが、笑い飯が滑ったのもあるんでしょうけど、それ以上にパンクブーブーのネタの完成度が審査員を唸らせたのだと思います。

ただ、下ネタや毒など刺激の強いネタは、コンテストでは扱い方が非常に難しいのは事実です。

ナイツにとって、生放送のコンテスト中では、二〇一一年の『THE MANZAI』のファイナルラウンドのネタがもっとも出来がよかった。じつは、そのとき僕らが負けた相手も、パンクブーブーでした。

決勝にはナイツ、パンクブーブーら四組が残り、全一〇票で、僕らは三票、パンクブーブーは五票を集めました。「ウケ量」では負けていなかったと自負していますが、僕らの場合は、ネタの中に風刺といいますか、「毒」を盛った分、票が流れてしまったのかもしれません。つい毒を入れたくなる性分なんですよね……。

下ネタも、毒も、漫才における薬味だと思うんです。僕の好みかもしれませんが、お寿司にわさびは当然として、うどんには七味、ホットドッグにはマスタード、ピザにはタバスコと、どんなものにも少し辛味がないと物足りなく感じてしまう。

それと同じように、漫才にも下ネタや毒は欠かせないと思うのです。

二〇一一年の『THE MANZAI』のファイナルラウンドで選んだのはドラマをテーマにした言い間違えのネタで、酒井法子さんをほのめかすシーンがありました。二年前に覚醒剤で捕まっていたので、「生放送ですからね、ピー入れますけどね」と前置きしながら「のりピー」とやったわけです。

あそこがあのネタのクライマックスでした。大爆笑をとれたので、まったく悔いはありません。ある方に「ナイツはあのとき伝説になった」とまで言われ、漫才師冥利に尽きるとすら思っています。

ただ、毒の盛り方は、その塩梅が本当に難しいのだなと改めて痛感しました。

Q59 パンクブーブーのネタは水準が高いですよね

僕らはNHKのネタ番組『爆笑オンエアバトル』に一〇回出演して三回しかオンエアされたことがありません。

この番組のジャッジは、一〇〇人のお客さんが、それぞれおもしろいと思ったらゴルフボールを一個投票するという方式なんです。そして上位にランキングされたグループ（人）のネタだけがオンエアされる。

僕らは、上位に入った人たちに負けないくらいウケていてもオフエア（放送されない）になったものです。それも、思い当たる節があります。下ネタや風刺を入れると、だいたいダメなのです。入れないとナイツっぽくないと思って、あえて入れている場合もあるのですが、それが人間心理なんでしょうね。

下ネタや毒は、どんなにうまくやっても、笑ってしまった人に小さな罪悪感を植えつけるじゃないですか。「私、こんな下品なネタに笑ってしまった」と。そんな自分を認めたくないから、ジャッジするときに「否」をつける。もちろん、僕はそれでいいと思っています。

誰しも黒い部分を持っていて、そこを解放してあげることもお笑いの役割のうちの一つだと思っているのですが、嫌な気分にはなって欲しくない。だから、罪は芸人になすりつけてくれていいんです。ただ、そういうスタンスのコンビは、やはりコンテストには不向きだと思います。

それに引き換え、パンクブーブーは『爆笑オンエアバトル』においても強豪中の強豪で、二一回出場して二回しか「オフエア」になっていない。驚異的なネタの打率です。漫才界のイチローですよ。彼らはオーソドックスな設定、言葉、構成で万人を爆笑させる。まさに職人技です。

過去、M－1と『THE MANZAI』を制したのは唯一、パンクブーブーだけです。あれだけの「バットコントロール」を持つパンクブーブーだからこそなせる業です。

Q60　後輩の三四郎は「ブレイクしているのに売れない芸人」なんですか？

おもしろいし、そこそこ人気もあるのに、評価が低いというか、なかなか突き抜けない関東芸人には共通の弱点があります。

同じ事務所の後輩なので期待も込めて名前を挙げますが、「ブレイクしているのに売れない芸人」という妙なキャッチをつけられた三四郎もその中に含まれます。

彼らは、小さなライブハウスでネタを披露する機会が多いからか、「お前、テレビに出るようになって調子に乗ってんな」とか、「だからうちの事務所は○○のほうを推してるんだよ」みたいな内輪ウケしそうな話ばかりするのです。

楽屋話は、若い人が集まる小さなライブだと「ここだけの話」感が出るので、異常なほどウケます。

三四郎の小宮（浩信）は特にそういう癖がついていて、すぐ「あなた、今、笑うところですよ」みたいなことを口走る。お客さんも直接話しかけられると嬉しいものだから、つい笑ってしまうのです。

関西ではそうした行為は「客をいらう（イジる）」と呼んで、年配の芸人ほど嫌います。本当の芸が身につかないからです。

劇場にわざわざ足を運んでくれるお客さんは、笑うことに前向きです。お金と時間をかけて観にきているわけですから、少しでも笑えるところがあったら笑ってくれます。たとえれば、二軍のバッターのようなものです。少々ボールでもブンブン振り回してくれます。だから簡単に三振がとれる。それで勘違いしてしまうんでしょうね。

Q61　芸人はネタ、ネタ、ネタですね

テレビの視聴者はシビアです。少しでも外れているとなかなか手を出してくれません。テレビの視聴者は漫才を観ることに対価らしい対価を払っていないので、どうしても辛辣になるのです。テレビでオンエアされるネタは劇場に比べると格段に質が高い。おもしろさが凝縮されています。

その中で、楽屋話をするような芸人はすぐに相手にされなくなります。ましてやM－1でそんな小ネタをやったら逆効果です。本筋がつまらないと、そのつまらなさが一層浮き彫りになってしまう。

M－1の舞台は、その一年間、いかにネタと真剣に向き合ってきたかが試される舞台です。

アンタッチャブルも、サンドウィッチマンも、パンクブーブーも無駄話は一切せず、本筋だけでお客さんを爆発させていたじゃないですか。あれこそ芸人の姿です。

落語家もウケる人ほど余計なことは言いません。今も残る古典落語は、話の筋がしっかりしています。稽古を積めば積むほど、ネタへの信頼度が増していく。だから、少々笑いが起きなくても、その時間を待つことができるのです。

内輪話や自虐ネタを封印し、信頼できる強いネタを作ること。自分にしかない武器を見つけるためにも、関東芸人は、まずそこから取り組むべきです。

第五章 「挑戦」 吉本流への道場破り

Q62　M－1の遺伝子は、やはり「新しいもの至上主義」ですよね

アンタッチャブルにはなくて、サンドウィッチマンとパンクブーブーにはあったアドバンテージがあるんですよ。「決勝初出場」という肩書きです。そのことが新鮮味というプラス要素を加えてくれました。

〇五年にブラックマヨネーズが初めて「決勝初出場・初優勝」を達成してからというもの、M－1に「シンデレラストーリー」を求める風が吹き始めました。

翌々年の〇七年からサンドウィッチマン、〇八年はNON STYLE、〇九年はパンクブーブーと、初出場組が三連覇を達成したのは、そのことと無縁ではないと思います。

M－1の歴史を紐解《ひもと》くと、初出場のほうが有利です。その傾向は回数を重ねるほど、強まっていきました。第一回大会を除く第一期は九回中四回、第二期は四回中三回までもが初出場コンビが優勝しています。トータルで一三回中七回と、初出場組の勝率は五割を超えています。

「経験」より「新しさ」。そうなんですよ。第一期が「結成一〇年以内」というルールでスタートしたこともあるのでしょう、M－1の初期設定は新人賞レースです。これをきっかけに飛躍して欲しいと、若手を後押しするためのコンテストなんです。

経験には目を瞑《つむ》ってもらう代わりに、出場者は、新しいものを見せなければならない。新しいものへの飢餓感は、M－1のDNAに組み込まれた意志のようなものなのだと思います。

M－1二年目の〇二年、結成三年目の笑い飯が決勝に初出場しました。以降、九年連続で出場し、毎年、優勝候補と言われることになります。

笑い飯は〇二年の大会で、斬新なスタイルのネタで三位に食い込みました。技術的には拙《つたな》いのですが、未だかつて観たことのないスタイルの漫才だったからです。

超ド級のルーキーが出現したのに対し、前年準優勝のハリガネロックは五位、前年三位のアメリカザリガニは最下位に沈みました。

あの大会を観て、M－1はなんと新陳代謝の激しい大会なのだろうと思いました。少なくとも第一期のM－1は新しいことに挑戦する者には優しく、進化を拒む者には容赦のない大会でした。

Q63　ナイツも初出場以降、M−1の洗礼を受けました

僕らの「ヤホー漫才」は、〇八年、初めて決勝に出たときは、審査員の松本さんは「九三点」と高く評価してくれました。おそらく、僕らのネタを観たことがなかったんでしょうね。

ところが翌〇九年、『自己紹介』のネタをしたのですが、「八五点」と低かった。自分たちの経歴を振り返るというネタだったのですが、「言い間違え」というシステムは変わっていなかったので、去年と同じだね、という評価だったのだと思います。

逆に島田紳助さんは、〇八年は「八九点」と八〇点台だったのですが、〇九年はトップバッターだったにもかかわらず「九一点」という高得点をつけてくれました。「土屋、うまなったよー」と褒められました。紳助さんは、新しさと、それと同じくらいうまさも重視していたように思います。

僕らは結局、〇八年に第三位と最高戦績を収めてからは、〇九年第四位、一〇年第六位、一五年準決勝敗退と年々、成績は下降していきました。ヤホー漫才に代わる新しいネタを開発できなかったからでしょうね。M－1はやっぱり経験より鮮度なんですよ。

二〇一六年から三年連続で準優勝に終わった和牛は、そういう意味では、二〇一七年以降はずっと不利でした。和牛は現行の結成一五年以内というルールのまま行けば二〇二一年まで参加資格があります。しかし年々、さらに不利になるでしょうね。そこは避けられません。

松本さんは審査員の中でも、特に新しいものに敏感でした。それゆえ、評価が他の審査員と一年ズレていることがよくありました。

笑い飯が決勝に初出場した〇二年、最終決戦には、ますだおかだ、フットボールアワー、笑い飯の三組が残りました。結果的にはますだおかだが五票集めて優勝するのですが、フットボールアワーに入った二票のうちの一票は松本さんのものでした。

その時点で、松本さんはフットボールアワーは優勝する力を持っていると判断したのです。

そのフットボールアワーは翌年、四票を獲得し王者になります。ところが、松本さんは、もはやフットボールアワーではなく、パワーアップしていた笑い飯に投票しました。目移りが早いというか、常に新しいものに飢えているのだと思います。

Q64　松本さんが「おもしろい」と認めたら支持せざるを得ないのでは？

〇六年に優勝したチュートリアルのネタも、〇五年の時点で、すでに松本さんは「おもしろいっすねぇ〜」と高く評価していました。チュートリアルの「妄想漫才」と呼ばれる一風変わった設定に魅《ひ》かれたのだと思います。

一年が経ち、そこにうまさが出てくると、他の審査員も追随し、翌年の優勝につながりました。

もちろん、松本さんが前年に太鼓判を押していたことも、大きかったと思います。松本さんがおもしろいと言ったものを否定したら、自分は笑いのセンスがない人間だと思われかねないですから。

松本さんは〇六年も続けてチュートリアルを推していました。そこがナイツに対する評価との違いです。

松本さんは笑い飯もずっと評価し続けました。それは彼らもワンパターンに陥らずに、常に新しいものを見せてくれたからだと思います。

ただ、優しい方なので一度だけ、情に流されたように映ったときがありました。「新しさ」より「情」をとったのです。

第一期の最後となった二〇一〇年は、笑い飯とスリムクラブの一騎打ちとなりました。鮮度と斬新さでは、スリムクラブが上回っていたと思います。

松本さんは迷いつつも、九年連続出場でラストイヤーだった笑い飯に投票しました。そして、その理由を「最後、獲らしてやりたいなー」と思ったと正直に吐露していました。

Q65　ただ、チュートリアルは本当におもしろかったですね

「新しさ」が重視されがちなM-1では、二度目以降の出場コンビは案外、苦戦するんで

すよね。ただ、アンタッチャブルもそうでしたが、チュートリアルもまったく関係ありませんでした。真に実力のある漫才師の証拠です。

○五年の妄想漫才は、○六年、さらにおかしさが増していました。神がかっていたと言ってもいい。二本とも、本当に「狂人」が憑依《ひょうい》しているようでした。

冷蔵庫に何を入れるかに異様な関心を示す男と、チリンチリン（自転車のベル）を盗まれたことに異常なまでに同情する男。

あのキャラクターで四分間、逃げ切るとは。とても人間業とは思えません。

チュートリアルは二〇〇一年の第一回大会にも出場していて、そのときは八位でした。当時は一般審査員が三〇〇点分持っていたのですが、それを引いた点数、審査員七人による点数だけなら彼らは最下位でした。

あそこから五年でよくぞここまで進化したなと思います。

二〇一八年夏、甲子園で「金足農業フィーバー」を巻き起こしたエースの吉田輝星《こうせい》の高校入学時の球速は一二八キロぐらいだったそうですが、三年夏には一五〇キロをマークしました。もはや別人です。チュートリアルの変化もそれくらい劇的なものでした。初出場のときと比べると別のコンビです。

M‐1の魅力の一つはここにあります。特に第一期はコンビ結成一〇年以内というルールだったので、野球選手で言えば、二三歳から二三歳くらいでしょうか。変化がもっともドラマチックな時期なのです。

Q66 日本漫才史上、イケメンであれだけウケたのは徳井さんぐらいでは?

チュートリアルは、もともとポテンシャルの高いコンビでした。僕は昔からボケの徳井さんのつかみというか、入りの部分が好きだったんですよね。ぐだぐだと訳のわからないことを話していて、なかなかネタに入らない。「笑い脳」の人だと、直感的に思ったんです。

ただ、ネタに入ると割とスタンダードな内容だったので、そのおもしろさが半減していました。

このコンビは徳井さんが暴走する形がいちばん持ち味が出ると思っていたら、〇五年、

○六年と、まさにその通りの形になっていました。
こういうボケを入れておけば無難に笑いを稼げるだろうみたいな「逃げ」の笑いは一切ありませんでした。伸るか反るかの大博打《おおばくち》。スタートから飛び出して、あとは馬なり。手綱を締めることなく、最後まで攻めまくるネタでした。

売れるコンビは、ある時点で、自分たちのストロングポイントに気づくものです。無駄を削《そ》ぎ落とし、自分たちにしかできないところ、魂が乗る部分を広げていくのです。
○六年、チュートリアルは二つの革命を起こしました。一つは「妄想漫才」というスタイルの完成です。そして、もう一つは、イケメンでありながら芸人として認められた点です。
芸人にとって、イケメンは何の武器にもなりません。僕はむしろ、ハンディキャップだとすら思っています。

まず、嫉妬される。あるいは、いわゆる「わーきゃーファン」がついてしまうので純粋にネタがウケているのかどうかわからなくなってしまう。あと、変人でも変人に見られない。

僕はキングコングの西野君はカッコよさで損をしたと思っています。M－1で実力に見合った結果が出なかったのは、そこだったのかなと。

西野君は本当に変な人です。でも、カッコよさが邪魔をしている気がしてならないんですよね。

Q67 イケメンが積極的にお笑いの道を選ぶのは関西独特の文化では？

漫才に向いた顔って、あるんですよね。銀シャリの橋本君あたりは理想型だと思います。ぜんぜんカッコよくない。でも、カッコ悪過ぎでもない。六対四か、七対三ぐらいのカッコ悪さ。それぐらいがベストだと思います。

モデルの人たちを見ていると、いつも思うんですよ。この人たちが普通の職場にいたら生きにくくて仕方ないだろうなと。身長が一八五センチくらいあって、小顔で、イケメンなんて、目立ち過ぎるじゃないですか。

どこへ行ってもじろじろ見られるわけです。カッコいいなんて言われても、もう嬉しくも何ともないでしょうし。だから、モデルの人たちは、ある意味、モデルになるしか道がなかったんだろうなと思うんです。同じような容姿の人たちの中にいれば「ハンディ」は「ハンディ」でなくなりますから。

でも関西なら、そういう人でも、お笑いの道もあり得るのかな。徳井さんがいい例ですよね。ただ、徳井さんは非常に頭のいい方なので、自分のキャラも計算の上で、ネタ作りをしていたと思います。その証拠に、カッコよさが妨げにならず、むしろ、メリットになっていました。あの妄想キャラはイケメンの徳井さんだから、何ともおかしいんです。男前なのに、ここまでやるかと。気持ち悪いやつがやったら、気持ち悪いだけですから。

僕の持論ですが、バラエティー番組は、学生時代にスポーツをやっていて、いかにもモテましたというスタッフが作るとつまらなくなるんです。すぐ恋愛系の企画とかに走るので。笑いって、もう少し怨念があったほうがいい。

今、TBSの『水曜日のダウンタウン』が好調ですよね。僕も大好きな番組なんです。勝手な推測で申し訳ないのですが、あそこのスタッフたちは、ほとんどモテた経験がない人たちだと思いますよ。学生時代、「なんで野球がうまいだけで、こんなやつがクラスの人気者なんだ」と劣等感を抱いていた連中。たぶん。決めつけちゃって、ごめんなさい。でも、「こいつらを見返せる何かはないか」とお笑いを見つけ、それを爆発させてる感じがするんですよね。だから肝が据わっているし、おもしろい。

徳井さんの発想も、それに近いものを感じます。モテてこなかったはずはないので、そこは不思議です。やはり「笑い脳」に冒されているのでしょうか。

Q68 第一期と第二期で変わったこととは?

「経験」より「新しさ」。

第一期において、この設定は基本的に変わらなかったと思います。

ところが第二期がスタートし、参加資格が従来の結成一〇年以内から一五年以内に延びたことで、いつの間にか、この設定が変わってしまったように見えることがありました。その象徴が、とろサーモンが優勝した二〇一七年の第一三回大会です。

その年、とろサーモンは決勝初出場でしたが、結成一五年のコンビだったので、同時にラストイヤーでもありました。

漫才師の一〇年から一五年は、野球選手で言えば、二三歳から三五歳ぐらいの感覚があります。三五歳になれば、もうベテランの域です。とろサーモンは、それくらいうまかった。仕上がりで言うと、完璧でした。

とろサーモンが優勝を決めた『石焼き芋』というネタは、これまで予選で何度も落選しているネタです。つまり、それまでの『石焼き芋』はダメで、結成一五年の『石焼き芋』は評価されたということは、単純に「うまくなったね」ということだと思うのです。

そういう大会になりつつあるのだと思います。つまり、経験値がものを言う。

あの大会を観て、こんなことを考えました。僕らもずっと決勝に進めず、これが最後と臨んだ二〇一五年に決勝に初出場して、そこで『宮崎駿』をやっていたら……。

当然、鮮度は低くなっていますが、技術的には格段にうまくなっています。場数も踏んでいるので、二〇〇八年のときほどは緊張しなかったと思います。

ぶっちゃけ、優勝してたんじゃないかなー。

Q69 ジャルジャル『ぴんぽんぱん』はどう評価しましたか？

強い武器を持っていれば関東芸人でも勝つチャンスはあると言いましたが、もはや、昔ほどは通用しないと思います。必ずしも新しいものをやらなくてもいいという前例をつくってしまいましたから。

二〇一一年、M－1が終了したことを受け、吉本興業は新たな漫才コンテスト『THE MANZAI』を立ち上げました。M－1が復活するまでの四年間、フジテレビ系列で放送されました。

『THE MANZAI』への参加資格に芸歴制限はありませんでした。そういう大会であれば、シンプルにうまさが審査の基準になるのはわかります。

M－1が復活することになったとき、漫才コンテストとしての『THE MANZAI』は終了してしまいました。さらに、復活後のM－1が参加制限を緩めたことで、結局は、M－1がうまさを競う『THE MANZAI』の要素も引き継いでしまった感があります。

若手というほどではありませんが、二〇一七年M－1で、ジャルジャルが『ぴんぽんぱん』という言葉ゲームのようなネタを披露しました。斬新過ぎて、一般視聴者はついてこれなかったんじゃないですかね。でも新しいという意味においては、文句なしに新しい。このときもやはり松本さんだけは、高評価でしたね。自己最高得点にあたる「九五点」をつけました。

第一期であれば、他の審査員も、もっと評価していたんじゃないですかね。

ちなみに松本さんは、この年、最終決戦も結成一五年のとろサーモンではなく、和牛に投票しています。松本さんの中の基準は、今も第一期のまま、ブレていないと感じました。

Q70　二〇一八年はM－1が本来の姿に回帰したように見えました

第二期になっても、M－1はやはり新ネタ発表会なのだというこだわりが感じられる出場者もいます。

二〇一八年、ラストイヤーだったスーパーマラドーナは四度目の決勝出場を果たしました。スーパーマラドーナは難しいパズルを少しずつ解いていくようなミステリーっぽいネタが得意なんですよね。

この年は、新ネタだったのでしょう、「いい人の振りをして、じつは怖い」というサイコパスが出てくるホラーネタを披露したのですが、さほどウケませんでした。構成が複雑過ぎて、お客さんがついていけなかったんです。

スーパーマラドーナクラスになれば、M-1決勝ではまだ見せていない得意ネタもいくつか持っていたと思いますよ。磨かれた得意ネタを選んでいたら、結果はまた違うものになっていたかもしれません。でも、M-1に思い入れが強いぶん、M-1の流儀に従って新ネタで挑んだんでしょうね。ネタ選びを失敗したなと思いつつ、その心意気には胸を打たれました。

まだ知名度はそれほど高くありませんが、東京に四千頭身というおもしろい三人組がいます。はっきり言って、下手くそです。でも、下手だけど、何かおもしろくなりそうな雰囲気を持っています。僕らの時代がそうであったように、M-1はそういう芸人を評価する大会であって欲しいんですよね。

もちろん、止《や》むを得ない面もあります。M－1は競馬で言えば、三歳クラシックレースから古馬のレースになってしまったようなものです。経験値の高い組がごろごろいる中で、若手がどんなに斬新なネタをやったとしても粗が目立ってしまっては、審査員もとろサーモンのようなベテランのうまさに引っ張られてしまう。

ただ、二〇一八年は二〇一七年の反動だったのでしょうか、そうはいってもやはりM－1はM－1なのだというM－1の生存本能のようなものを感じましたね。

和牛か、霜降り明星か。うまさでいったら、完全に和牛です。でも、M－1は霜降りを選びました。

今後、M－1が存在価値を維持し続けるためにも、やはり「新しさ」を選ぶのだという大会の意志を感じました。

Q71　ナイツもストイックに進化を自らに課してきましたよね

プロローグで、霜降り明星には「強さ」があったと書きました。霜降りが発する強さは、お客さんに笑ってもらいたい、お客さんに幸せになってもらいたいという気持ちにあったんだと思います。

芸人は芸歴を重ねるにつれ、客よりもこちらが上なんだみたいな錯覚に陥ってしまうことがあるんです。「俺の作品を見せてやるよ」みたいな。僕にもそういうところがあります。その意識過剰、力みが、自分で自分の首をしめてきました。

決勝に進出できるようになってからも、毎年、僕らなりに新しいことに挑んできました。〇八年は「ヤホー漫才」です。〇九年は同じ言い間違えでも「ヤホーで調べてきたんですけど」という入りは捨てて、『自己紹介』のネタを作りました。前年のネタは僕らの一つの到達点だったので、この年は、相当苦労しました。

そんな調子ですから、二〇一〇年はもっと悩みました。もう、カラカラの雑巾を絞っているような感覚です。そんな中、たどり着いたのが今年のスポーツの話題を振り返るという時事ネタです。

爆笑問題のネタを観れば明らかなように、もともと時事ネタと笑いは、ものすごく相性がいいんです。チャップリンがそうだったように、笑いは庶民が権力者に対抗するために身につけた最強の武器ですから。正義感を振りかざし正面からぶった切るのではなく、ピエロの衣装をまとって近づき、笑いというオブラートにくるんでチクリとやる。そこが腕の見せ所なわけです。

にもかかわらず、これまでM－1決勝で時事ネタを扱ったコンビがいなかったので、やる価値があるだろう、と。本番では、あんまりウケませんでしたが、M－1で時事ネタをやるという夢はかないました。

Q72　M－1復活元年、出場するか否か、相当迷いました？

二〇一一年の『THE MANZAI』は言い間違えネタの集大成で臨みました。最終決戦はドラマというテーマの中に、これまでウケたボケを詰め込めるだけ詰め込みました。いわば、オールスターです。言い間違え漫才の代名詞である「ヤホー漫才」の一つの完成形でした。

すべてが計算通りウケました。賞レースの生放送で、初めてうねったと言ってもいいと思います。

本当は、あれを二〇〇八年M－1の第一ラウンドでやりたかった……。『宮崎駿』でうねらせたかった。

M－1は一発勝負です。そこに合わせ、いちばんいい温度でネタを出す。それが本当に難しい。それができないとM－1では勝てません。

二〇一二年以降は、もう『THE MANZAI』には出場しませんでした。言い間違えのスタイルは、もうテレビでやり切りましたから。それを超えるネタができていたら出場していたでしょうけど、そんなに簡単にできるものではありません。漫才における発明は、どうだろう、生涯にできても一つか二つじゃないですか。

勝つことだけが目標なら、どんな形でも出たかもしれません。でも、最終目標は「ウケる」ことです。その意味では、目標を達成したと思っていました。

ところが二〇一五年、M－1が復活することになりました。結成年数が延長されたので、僕らにもチャンスがありました。昔、好きだった女性が、突然、また目の前に現れたようなものです。

迷いましたが、やはり、M-1の引力には逆らい切れませんでした。

ただ、僕にとって、M-1はやはり新ネタ発表会です。土屋は同じ言い間違えの形でも……という気持ちだったようですが。でも、僕はまったく違う形を試したかったのです。

Q73 敗者復活戦は、ナイツは不利ですよね

復活元年、二〇一五年の準決勝では、全部のボケに、半ば強引に「小」をつけていくという漫才をやりました。「小忙しい」とか、「小林薫」とか、「小芝居」とか。後半は、その強引さでお客さんが仕掛けに少しずつ感づいていくという構成になっていました。

四分のネタとしてはそれがベストだと思ったのですが、少し作品っぽくなり過ぎちゃいましたね。馬鹿馬鹿しさがないというか、お客さんの反応が「よくできている漫才だね」みたいな感じになっちゃった。

けっこう練習しないといけないネタでもありました。それも失敗です。練習しなければ

ならないネタは、どこか機械っぽくなっちゃうんです。

二〇一五年は準決勝敗退が決まった時点で、事実上、ゲームセットでした。僕らのM－1は終わったな、と。

敗者復活戦が残っていましたが、持ち時間は三分と準決勝より短くなります。三分ネタで敗者復活を勝ち抜けるようなネタは用意していませんでした。

そもそも敗者復活戦は屋外なので、僕らのようなローテンション漫才のコンビは声が通りにくく不利なのです。車の音で、簡単にかき消されてしまいます。歴代、敗者復活は声圧の高いコンビが勝ち抜いています。二〇一八年の復活組は、ミキでしたから。二人は予期せぬバイクの爆音さえ、見事に笑いに変えていました。

松本さんもさすがに「屋外はかわいそうだ」と言っていましたが、そこだけはなかなか変わらないみたいです。

そこで僕らは、敗者復活戦は、唯一のハイテンションネタといってもいい吉幾三のネタを選びました。土屋に吉幾三の『俺ら東京さ行ぐだ』を熱唱させ、それに僕がひたすらツッコみ続けるという、馬鹿馬鹿しさだけが売りのようなネタです。ネタ合わせは一切不要の、準決勝とは正反対のネタでした。

Q74 『吉幾三』は一世一代の大ボケでした

敗者復活戦は、正直なところ、勝敗はもうどうでもいいと。

ネタの選択からしてボケでしたから。お客さんに対する意識はありませんでした。せめて他の芸人に「アホか」とツッコんでもらいたかったのです。ただ、それだけです。それが敗者復活戦の唯一のモチベーションになっていました。

芸人としての僕の欠点は、尖《とが》っているところです。お客さんを笑わせたいという気持ちよりも、「わかるやつにだけわかればいいんだ」という傲慢さが先行してしまうことがあります。だからネタも、玄人ウケするようなネタになりがちなのだと思います。

〇二年のM－1王者のますだおかだは『爆笑オンエアバトル』で無敗です。しかも満点を獲得したこともある。ナイツはおそらく一生かかっても満点は取れないと思いますよ。にもかかわらず、M－1の決勝に三回も出られたのは、審査する人が玄人だったからだと思います。

自分の創作欲求を満たすことばかり考えていると、人を喜ばせようという気持ちからどんどん離れていってしまうことがある。それでは本末転倒です。

そもそも、僕はウケたいから芸人になったのですから。

霜降りはそのことを思い出させてくれました。彼らは、お客さんに喜んで欲しいという思いが体全体から溢れ出ていました。

僕は、そこに心を打たれたのです。感動したと言ってもいい。霜降りを選ばせた最大の理由は、そこでした。

Q75 ハライチ岩井さんの「M‐1は古典落語の大会」というのはわかる気がします

思い返せば、M‐1が復活した二〇一五年頃がいちばん尖っていましたね。

今、僕と同じような隘路《あいろ》に入り込んでしまっているのがハライチの頭脳で、ボケの岩井じゃないかな。

〇九年から四大会連続で決勝に進みながら、一度も最終決戦まで進めていません。二〇一七年は準決勝で敗退してしまいました。

二〇一七年あたりは、自分でおもしろいと信じたものを何度も否定されたことで、完全に自分を見失っているようにも映りました。その気持ちは、痛いほどわかります。

ハライチは〇五年結成なので、まだＭ－１への出場資格を持っています。ただ、二〇一八年は出場しませんでした。ラジオでは、Ｍ－１があまりにも王道の漫才ばかりを評価するようになったので魅力が薄れたと語っていました。

岩井はＭ－１で自分たちのネタを披露することを、古典落語のコンクールで新作落語を発表しているようなものだと語っていたことがあります。

うまいことを言う。それは関東芸人の多くが抱いているジレンマだと思います。

落語は江戸時代から受け継がれてきた「古典」と、最近作られた「新作」に大別されます。落語の世界には、落語とはそもそも古典のことで、新作は邪道だという差別意識のようなものが少なからず存在します。新作は軽視されがちなのです。

つまり、岩井は、自分は新作を作りたい、でも古典落語の大会だから、そもそも種目が違うのだと言いたいのだと思います。その気持ちもよくわかります。ただ、少し尖り過ぎている気がするんだよな。もう一度、シンプルに、人を笑わせたいのだという原点に立ち返ってみることも大事だと思う。

ハライチは「ノリボケ漫才」以外にも新しいことをたくさん試しています。どれもおもしろいですが、最高傑作はやはり「ノリボケ漫才」だろうな。

ただ、技術的なことを言うと、あのスタイルを押し通すだけなら四分は長いと感じました。盛り上がりをグラフで表すとずっと横ばいで、最後、ほんの少し上がるくらい。あの漫才で見せた世界観は一分半でもつくれると思うんです。M－1で優勝するにはずっと右肩上がりで、後半、大爆発しないと難しい。

もう一つ言うと、澤部は強いのですが、岩井が弱い。あえて、岩井はそういう役を買って出ているところもあるんだけど、どういう形であれ、もう少し岩井という人間を見せて欲しい気がします。

僕の中で、漫才という芸能がこの世に生まれてきた意義は「二人じゃないとこの笑いは生み出せない」という点です。ハライチは、その相乗効果が少し弱いと思うのです。

Q76　関東芸人にとってM-1は、いわば道場破りのようなものですよね

落語界で新作が不当に貶《おとし》められているのと同じように、M-1もナニワのしゃべくり漫才こそが漫才で、突飛な発想の関東言葉の話芸は漫才とは似て非なるものだという向きは当然あると思います。

ただ、繰り返しになりますが、言ってみれば、M-1は「吉本流」の大会です。したがって、他流派にも門戸は開きますが、ルールはうちの流儀のものでいきますというのは当然だと思います。吉本はそうは言っていませんが、むしろ、そう言ってもいいぐらいだと思います。

関東芸人がM-1に出場するということは、いわば、漫才の総本山に殴り込みをかけているようなものなのです。道場破りです。本来、「ルールは任せる」というのが筋だし、マナーです。

そうした幾多の不利を乗り越えなければならないからこそ、関東芸人の優勝にはなお価

値があるのです。

それに、方法はどうであれ、芸に統一感を持たせないと、大会自体がつまらなくなってしまいます。

『R-1』がいい例です。「ピン芸」という大雑把な括りだけで、いったい何を競い合うコンテストなのか、未だに見えてきません。ギャグなのか、ネタなのか、フリートークなのか。その結果、興味が削がれてしまっています。

Q77 『R-1』は異種格闘技戦のような様相を呈しています

『R-1』は、「世紀の凡戦」と言われたモハメド・アリとアントニオ猪木の対戦を繰り返しているようなもんです。

若い方は知らないと思いますが、一九七六年、ボクサーのアリと、プロレスラーの猪木が戦ったことがあります。アリは立ち続け、猪木は終始寝転がりながら戦ったため、三分一五ラウンドまったく噛み合わないまま試合が終わってしまいました。

『R－1』も、それぞれの芸同士がまったく嚙み合ってないので、戦いようがないし、ジャッジのしようもない。

ボクシングが世界一の格闘技になり得たのは、攻撃を拳によるものだけに限定したからです。そのため、お客さんや審判から見やすく、また、テクニックが異様なまでに高度化し試合自体がおもしろくなりました。

ピン芸人でコント師のバカリズムさんが、おもしろいことを言っていました。

「ピン芸人が『キングオブコント』に出られないのが納得いかない。出る大会が他にないので『R－1』に出てるけど、ピン芸、ピン芸って言われるのが嫌なんだよ。本来、そんなジャンルはないでしょう。俺のはコントだから」

もともと『R－1』の「R」は落語を意味します。第一回大会は全員、座って芸をしていました。それくらいの縛りがあればいいのですが、それもなくなり今はカオス状態です。コンテストの方向性が定まっていないと、芸人も何を磨けばいいのかわかりません。だから今もときどき素人芸のようなものが紛れ込んでしまうのです。

そもそも「一人」という括りに無理があります。芸のコンテストは人数ではなく、ジャンルで括るべきものだからです。もう一つ言えば、女芸人ナンバー1を決定する『女芸人No.1決定戦 THE W』も不思議なコンテストです。芸のコンテストは性別で分けるものでもありません。

その点、M-1は非常にすっきりしています。「吉本流」の漫才コンテストです。

Q78 M-1は競技漫才だという批判に対しては、どう思いますか?

一部には、笑いは点数化すべきものではないとか、M-1は「競技漫才」だとかいう批判もあります。もちろん、僕も漫才がスポーツだとは思っていません。でも、M-1は漫才をスポーツのように見せることに成功したからこそ、これだけ注目され、年末の風物詩と呼ばれるまでのソフトになったのだと思います。

スポーツに似せる以上、「異種格闘技戦」にならないようにしなければいけません。そのためにも漫才とはこういう演芸のことを指すというある程度の基準、縛りが必要なんです。

公式ホームページの審査基準には「とにかくおもしろい漫才」としか書かれていません。非常に緩い規定のようですが、「漫才」をどう定義するかによって、いかようにもジャッジできます。どんなに爆笑を誘っても、これは漫才ではないと言えば、簡単に切ることもできちゃうわけですから。

一四回の歴史の中で、M－1における漫才の解釈は、ときに拡大し、ときに限定されてきました。

前述しましたが、第二回大会では、テツandトモが出場していました。審査員は困惑していました。

松本さんは「これを漫才ととるかっていうとこですよね……」とこぼし、立川《たてかわ》談志師匠にいたっては「お前ら、ここへ出てくるやつじゃないよ。もういいよ」とストレートに諭しました。彼らの芸は、やはり漫才ではない。貶めるわけではもちろんなく、ジャンルが違う。M－1は、あくまで複数人による話術の芸を競い合う場です。

そのあたりは、漫才の定義が狭くなったというより、回数を重ねるごとにより安定してきた印象があります。

Q79　マヂカルラブリーのネタは漫才ですか？

二〇一七年は、断トツ最下位だったマヂカルラブリーのネタは漫才か否かという論争が起きました。最下位になったということは審査員には、優劣というより、漫才ではないと判断されたのでしょう。漫才ではないと言ったら言い過ぎかもしれませんが、僕も、あれは少なくとも漫才になっていないと思いました。

マヂカルラブリーのネタは説明するのが難しいのですが、ボケの野田（クリスタル）君が「野田ミュージカル」と称し舞台で暴れまわるのを、ツッコミの村上君が冷静に解説したり、いさめるという内容でした。

あれを漫才に近づけようとするなら、村上君はあそこまで解説しないほうがいい。野田君の独特な世界観を村上君が冷静にツッコみ過ぎて消してしまっているのです。「変な人でしょ？」と言って、引いているだけに見えてしまうんです。

ツッコミはボケに対して、絶対に引いてはいけないのです。お客さんも、それにつられてしまいますから。

塩梅が難しいのですが、「ツッコむ」ことと「引く」ことは明確に違います。ツッコミは「アホやな」と言いつつも、出来の悪い子どもほどかわいがる親のように、ボケに寄り添ってあげないといけないんです。

ブラックマヨネーズの小杉さんの吉田さんに対する態度も、チュートリアルの福田（充《みつ》徳《のり》）さんの徳井さんに対する態度も、呆れてはいますが、愛情に満ちています。そして、その愛の形は、相方に負けず劣らず滑稽です。

ときどき内海桂子師匠と一緒に舞台に上がることがあります。ちょっとボケているので……って、本当にボケてるんですよ。ボケが入っているので変なことばかり言うのですが、でも、それをいちいちツッコんでいたらお客さんも辛《つら》いと思うんです。だから、聞くだけ聞いて、最後、「いや、ババァ、さっきから何言ってんだよ！」と言うとどっとウケる。

なぜウケるかというと、お客さんに僕の桂子師匠への愛情が伝わっているからです。どうでもいいことをじっと聞いてあげていたわけですから。

強い言葉でツッコむときは、その前に二人の関係性を示す必要があります。でないと、お客さんが引いちゃうんです。いきなり「ババァ！」とツッコんだら、老人虐待になってしまいますからね。

Q80　トム・ブラウンのネタは漫才ですか？

二〇一八年、異色コンビとして一躍、時の人となったトム・ブラウンは、そういう意味では、マヂカルラブリーとは好対照でした。二人とも北海道札幌市の出身です。順位こそ六位でしたが、M－1で名前を売ったという意味では、優勝した霜降りに次ぐくらいの恩恵を受けたのではないでしょうか。

彼らのネタもシュールと言えばシュール、はちゃめちゃと言えばはちゃめちゃでした。ボケのみちお君が「（サザエさんに出てくる）中島くんを五人集めて、合体させて、最強の中島くん、ナカジマックスを作りたいんですよ～」と意味不明な願望を口にする。すると、ツッコミの布川《ぬのかわ》（ひろき）君は何の違和感もなく「なんか見てみたいかも～」と応じています。

ここがマヂカルラブリーとトム・ブラウンの違いです。

みちお君のボケに対し、布川君が「何、それ？ そんなのおかしいじゃないですか」と冷静に解説してしまったら、観ているほうの熱も冷めてしまいます。

非関西系で、〇四年、〇六年、〇七年と決勝に出場したPOISON GIRL BANDというコンビがいました。〇四年は六位、〇六、〇七年は二年連続で最下位でした。

彼らもローテンション漫才で、さらに少しシュールでした。この二人も、ボケがズレたことを言うのに対し、ツッコミが的確にツッコみ過ぎる嫌いがありました。そうするとせっかくかけたシュールという魔法が解けてしまうというか、観ている人の想像の余地が奪われかねないんです。

革新と破壊は、紙一重です。トム・ブラウンは二人で世界観を作り上げていこうとしていましたが、マヂカルラブリーは若さと勢いに任せ、ただ破壊しているだけのように映りました。

マヂカルラブリーは、おもしろいと言えばおもしろかったですが、漫才のおもしろさとはちょっと違ったかな。

第六章　「革命」　南キャンは子守唄《こもりうた》、オードリーはジャズ

Q81　偉大な革命児として南海キャンディーズを語らないわけにはいきません

Ｍ－１は一四回の歴史の中で、漫才の解釈の交通整理をしつつ、ある程度まで漫才の定義を示しました。つまり、柵を設けた。でも、その柵内であれば、どこまで深く掘ってもいいし、どこまで高く飛んでもいいのだということにも気づかせてくれました。

草創期、悔しい思いをしただろうおぎやはぎやスピードワゴンも、今のＭ－１なら、また違った評価をされていたかもしれません。

関東芸人が歴史を塗り替えたのは、アンタッチャブル、サンドウィッチマン、パンクブーブーの三組だけではありません。〇四年の南海キャンディーズ、〇八年のオードリー、一〇年のスリムクラブと、非関西系のコンビが、従来のしゃべくり漫才とはまったく異質な漫才を編み出し、それらも高評価を得ました。

その三組はいずれも準優勝に終わりましたが、優勝者と同等かそれ以上のインパクトを残したと言っていい。

〇四年は、関東芸人にとって、最初に歴史の重い扉が開く音を聞いた年でした。優勝がアンタッチャブルで、準優勝が南海キャンディーズだったわけですから。

南海キャンディーズは千葉県出身の山ちゃん（山里亮太）主導のコンビなので、相方のしずちゃん（山崎静代）は大阪出身ですが、関東芸人の括りに入れていいでしょう。つまり、関東芸人がワンツーフィニッシュを飾ったんです。

アンタッチャブルについてはすでに話した通りですが、南海キャンディーズは、ある意味では、アンタッチャブル以上に驚かされました。

オカッパメガネのあやしい男と、それに負けず劣らずあやしいでっかい女が出てきて、その上、あのネタですから。

あの年、南海キャンディーズは、予選の段階から、めちゃくちゃおもしろいコンビがいると噂《うわさ》になっていました。

Q82　山ちゃんのツッコミは優しいんですよね

南海キャンディーズの漫才は、スローテンポなんですよね。スリムクラブほどではありませんが、アップテンポなことだけが漫才ではないことを教えてくれました。

彼らの漫才でもっとも特徴的なのは、山ちゃんのツッコミです。

山ちゃんは、しずちゃんのボケをしばらく泳がせます。しずちゃんが「山ちゃん、お医者さんやって、私、火を怖がるサイやるから」という状況でも、すぐにはツッコまず「メス」「メス」と指示し続け医者役を全うしようとする。

そして、ようやく「だめだ、俺、こんな状況生まれて初めてだ……」と回収する。ボケを溜めておいて、最後、総取りしてしまうのです。

しずちゃんにあれだけむちゃくちゃさせといて、それを一言で回収する言葉も見事でした。

「ナイスざわざわ」

「やばい、涙で明日が見えない」

「あれ、左から妖気を感じる」

これらの言葉からもわかるように、山ちゃんは決してしずちゃんを攻撃しないんですよね。そこがおかしいんです。関西系の男女コンビなら絶対、アホだの、ボケだの、ボロカス言われるパターンです。

山ちゃんは終始、しずちゃんをなだめているだけです。もっと言えば、あやしています。音楽で言えば、子守唄のようでした。

ツッコミというのは、相手を貶めることではありません。どんな方法でもいいから、笑いに転化させればいいのです。それは優しい言葉でもいいし、動きでもいい。スリムクラブのように「間」でもいいのです。

山ちゃんのツッコミは言い方はソフトです。でも、言葉自体の意味は強い。ソフトに言うからこそ、その強さが際立ちます。あの言葉を関西弁で強く言ってしまったら、台無しになってしまうと思います。

関東の日常語だからこそできる漫才。それを最初に示したのが南海キャンディーズでした。

Q83　山ちゃん、天才ですよね

山ちゃんの登場によって、これまでのツッコミの概念が変わってしまいました。南海キャンディーズ登場以前の漫才は「ボケが華」でした。ボケが点を取りにいく。ツッコミはあくまでアシスト役です。

ところが、南海キャンディーズは、ツッコミの山ちゃんがフォワードなのです。山ちゃんは『天才はあきらめた』というベストセラーを世に出しましたが、嘘です。彼は紛うことなき天才ストライカーです。

漫才自体がツッコミで笑いが起きるように計算されていましたし、第一ラウンドで見せた一本目のネタは、山ちゃんのツッコミは一度も外していませんでした。

山ちゃんは、しずちゃんからことごとくボールを奪い返し、自らシュートを決めていたと言ってもいい。

ただ、そこは山ちゃんの巧みなところで、しずちゃんはしずちゃんで、点を決めている感覚はあったと思います。

でも実際は、山ちゃんは一人でも笑いを生み出すことができますが、しずちゃんは山ちゃんがいないと笑いを起こすことはできません。しずちゃんは、漫才師というよりは名優なのです。

名演出家の山ちゃんは、名優であるしずちゃんを漫才でこれでもかというほど輝かせていました。

だからでしょう、〇四年のM－1後、コンビの頭脳である山ちゃんではなく、相方のしずちゃんが大ブレイクしました。

そして、二〇〇七年、映画『フラガール』で日本アカデミー賞の新人俳優賞を獲得するまでになったのです。

Q84　人が作ったネタを言わされる相方にも苦労はありますよね

ネタを作っているほうは、ともすると「なんで言われた通りにできないんだ」と相方に不満をぶつけがちなんです。でも、やらされているほうが、セリフを自分のものにするのは大変なんですよね。それをわかっていながら、僕もすぐブツブツ文句を言ってしまうのですが……。

作るほうは、相方が気持ちよく演じられるようなネタを意識しなければならないんです。相方をいかに輝かせられるか、です。

その逆になると、コンビとしては具合が悪い。書いているほうはものすごくセリフに気持ちが入っているけど、書いていないほうは露骨にやらされている感がにじみ出てしまうというパターンです。

二〇一八年のゆにばーすは、ちょっと、そんな心配をしてしまったんですよね。あのコンビはツッコミの川瀬名人がネタを考えているのですが、相方のはらちゃんは、本当におもしろいと思ってセリフを言ってるのかな、って。言わされちゃってるんじゃないかな、って。

スーパーマラドーナにも時折、それを感じてしまうことがあります。あそこはツッコミの武智君が主導ですが、相方の田中君は、自分のキャラクターにやや窮屈さを感じているんじゃないかな。というのも、二〇一八年のM－1で田中君はテレビカメラを向けられるたびに「てってれー」と言いながらメガネを上下逆さまにかけたり、左右の靴紐を結んだりする「小ボケ」を連発し、会場を沸かせていました。

あんなに生き生きした田中君を見たのは初めてです。田中君が自分でやりたいことをやっていたから、あんなにウケたんですよ。あの感じを漫才に生かせたら、もっと「スーパー」なスーパーマラドーナになるんじゃないかな。

博多華丸・大吉はツッコミの大吉さんがネタを考えているのですが、ボケの華丸さんはじつにのびのびやっています。ともすれば、華丸さんのほうがネタを考えているのではと錯覚してしまうことすらあります。ネタを書くほうと書かないほうの関係としては、それが理想だと思います。

Q85　世紀の発明家オードリーも語らないわけにはいきません

スポーツの世界では「勝負に勝って、試合に負ける」という言い方をすることがよくありますよね。Ｍ－１でも、そういう現象が起こり得ます。その代表格は〇八年、敗者復活戦から準優勝したオードリーです。ツッコミの若林（正恭《まさやす》）君は東京出身、ボケの春日（俊彰《としあき》）君は埼玉出身です。

オードリーは準優勝でしたが、その後、優勝したＮＯＮ ＳＴＹＬＥ以上に大ブレイクし、今や超売れっ子コンビになりました。

Ｍ－１王者という肩書きはものすごく魅力的ですが、長い目で見たとき、芸人としては売れるほうが何倍も嬉しい。そういう意味では、オードリーこそ、真の勝者と言っていいかもしれません。つまり、オードリーは勝負に勝ったのです。

Ｍ－１ではキャラ漫才は評価されないという定説がありました。南海キャンディーズも、オードリーも、ボケのしずちゃんと春日君は強烈なキャラに入っています。二組の躍進は、結局、キャラ漫才でも、突き抜けたオリジナリティーがあって、漫才になっていれば問題ないのだということを示してくれました。

オードリーの漫才は「ズレ漫才」と評されました。ボケの春日君がまったく見当違いのことを言ったり、意味不明のジェスチャーをするからです。

M－1の第一ラウンドでも、序盤から畳みかけるようにズラしていました。たとえば、こんな感じです。

若林「今日もね、漫才を楽しくやっていきたいなと思いますけれどもね」
春日「ＯＬか！」
若林「どのへんがＯＬかわからないんですけれどもね」
春日「うぃ」

まったく嚙み合っていません。でも、不思議なテンポがあります。そういう意味では、じつは見事に嚙み合ってもいるのです。

関西のしゃべくり漫才はロックだと言いました。ブラックマヨネーズも、チュートリアルも、NON STYLEもシャウト系です。

そこへいくと、オードリーはジャズなんでしょうね。表面上は穏やかですが、内面には激しいものがほとばしっている。予定調和を嫌い、お互いでお互いを縛らない。圧倒的な自由こそ、彼らの生命線なんです。

ロックは音楽として、やはり強い。漫才界では、王様です。でも、ジャズの快感も、それに匹敵するものでした。

Q86 噛んでもアドリブで大爆笑は「名演」でしたね

譜面通り頭からきれいに入らないのもジャズの特徴です。

彼らは、登場の仕方からして、その教則通りでした。漫才コンビは普通、二人一緒に小走りに登場するのですが、ボケの春日君だけ、わざとゆっくりと現れるのです。あそこから二人の不協和音は始まっていたんです。

ジャズのクライマックスはアドリブです。

オードリーの漫才も、まさにそうでした。一本目のネタで春日君が、思い切り噛みました。若林君はすかさず「噛んでんじゃねぇよ！」と頭をはたきました。これだけでは終わりません。春日君は「おまえが何とかしろよ！」と応酬。さらに若林君は「できねーよ。これなんとかできたら、もっと最初から来れるだろ決勝に！」とやり返します。

見事です。実際、ここがいちばんウケていました。M－1決勝という大舞台で、これだけの大きなミスを、こんなに大きな笑いに変えたのは後にも先にも彼らだけです。

不規則で、不調和なジャズ漫才だったからこそ、最大のノイズさえ漫才にしてしまったんです。

まさにジャズの名演を見せられたような漫才でした。脱線に次ぐ脱線。ハラハラさせながら、でも最後はまとめてしまう。こんなに自由で、かつテンポのある漫才は初めてでした。

若林君はズレ漫才を思いついたとき、「売れちゃう」と思ったそうです。それはそうでしょう。不協和音の中から、心地いい「音」を発見したのですから。漫才界における世紀の大発見です。

じつは、僕もヤホー漫才の発想が浮かんだとき、まったく同じことを思いました。知り合いに「俺、これから売れると思う」と吹聴していたくらいです。なので、若林君の興奮がリアルに想像できます。

ただ、オードリーのことを紳助さんだけは評価していませんでしたね。審査員の中では唯一の八〇点台、「八九点」でした。

M-1では、キャラ漫才以外にもギャグやモノマネはマイナス要素になるという共通認識があります。それらは漫才における芸ではない、と。

紳助さんだけはオードリーのキャラ、そして「うぃ」などのギャグが引っかかったのかもしれません。

しかし、オードリーはそういう評価もあり得ると覚悟した上で、自分たちがおもしろいと信じたネタを貫いたのです。

繰り返しになりますが、オードリーは勝負に勝ったのです。

Q87　ただ、南キャンも、オードリーも、二本目は衝撃度が薄れてしまいました

○八年、オードリーは、敗者復活から第一ラウンド一位通過を果たしました。僕らはこの年、決勝初出場でした。「初出場」は「敗者復活」のカードほどではありませんが、なかなかのカードです。ただ、このときすでにテレビにけっこう出始めていたので、さほど強力なカードにはなりませんでした。

一方、この頃から僕たち以上にテレビで売れ始めていたのがオードリーでした。彼らは僕ら以上に露出していました。ところが、敗者復活枠から勝ち上がったことで、それらの実績がリセットされ、改めて「無名印」をつけてもらったような雰囲気がありました。

前年のサンドウィッチマンの下剋上物語が鮮烈だっただけに、演出側もそれと同じ物語を再生産しようとしたのもあったと思います。サンドウィッチマンと同じように、オードリーもその勢いに乗っかりましたね。

M-1は、一種のプロレスでもあります。過剰な物語を仕立て、参加者や視聴者の感情

を煽り立てるのです。演者もそれに乗っていきます。

オードリーは「敗者復活」「初出場」だけでなく、「非吉本」で「非関西」だったので、シンデレラストーリーとしても完璧でした。これだけそろったら、ロイヤルストレートフラッシュですよ。

ただ、最終決戦のネタは、第一ラウンドほどうねりませんでした。思えば、南海キャンディーズもそうでした。

二組のネタは、他のコンビは真似できません。いずれもボケのキャラ前提のネタだからです。個の強さを生かした漫才は、もろ刃の剣です。特にこういうコンテストのときは、二本目のインパクトがどうしても薄れるし、既視感にとらわれやすいからです。

また、二組とも一本目のネタの完成度が高過ぎたんでしょうね。改めて、M－1で二本ネタをそろえることの難しさを痛感しました。

Q88　オードリーは引き際が見事でした

南海キャンディーズも、オードリーも、優勝するとしたら、初出場の年しかなかったでしょうね。スリムクラブも同様です。準優勝した一〇年以降、あのとき以上の笑いを生み出せていません。

キャラクターであれ、システムであれ、何か一つのインパクトが強過ぎると、新しさを重視するM－1では、すぐに飽きられてしまいます。そこが怖いんですよね。

一六年に決勝に初出場し、七位に入った「どつき漫才」のカミナリもそうでした。ツッコミの石田（たくみ）君がボケの竹内（まなぶ）君の頭を平手で思い切り叩くのが売りだったのですが、連続出場した一七年は九位と前年より順位を落としました。ネタを変えても、やはり「どつき」のインパクトが強過ぎるんでしょうね。

彼らのどつきは、いかにも痛そうに見えるからいいのですが、審査員の上沼さんに「あのどつきはいるんやろか？」とダメ出しされるなど、ちょっとした論争にもなりました。

トム・ブラウンの布川君も「だめー」とみちお君の頭を叩きます。でも、あそこは叩いたあと、ぺたっと手をくっつけるんですよね。かなり勢いよく叩いていますが、あんまり痛そうには見えません。だから、何も言われないのかな。

カミナリの漫才も、出場を繰り返せば繰り返すほど評価を落とす怖さがあります。オードリーが見事だったのは、その登場以上に、引き際でした。オードリーは〇八年、初出場で準優勝したのを最後に、きっぱりM－1から身を引きました。若林君は、自分たちのことを知り過ぎるくらいに知っていました。

僕は芸人としての最終目標は、ウケることだと思います。もちろん、その先には売れたいという欲求もあります。オードリーは、あれだけウケて、あれだけはねましたから。M－1においては、もう〇八年がゴールだったと思うのです。

芸人は、そもそも消耗品です。M－1は強烈なソフトだけに芸人を消費するスピードもめちゃくちゃ早い。オードリーは、そうなることを拒否したのだとも言えます。

Q89　今の時代は「ツッコミが華」と言われます

ツッコミが点を取りにいってもいいのだという流れを決定づけたのは、南海キャンディーズの山ちゃんでしょうね。

銀シャリの橋本君しかり、霜降り明星の粗品君しかり。彼らは山ちゃんのようなフォワードタイプとはちょっと違うんですけどね。パスセンスもあって、得点力もある。元スペイン代表の天才ミッドフィルダー、イニエスタのようなイメージです。

少し年代が上になりますが、フットボールアワーの後藤さんも典型的なミッドフィルダーですね。中盤で、いつでも点を取れる雰囲気を醸し出しています。

南海キャンディーズの登場以降、山ちゃん風のツッコミをするツッコミが急増しました。まともなストレートを投げてこない。カットボール系、ツーシーム系ばっかり。真っすぐと思わせといて少し動かす、みたいな。

上の世代の方々、ダウンタウンの浜田さんやネプチューンの名倉（潤）さんは本格派ですから、今も「うるせえよ」とか「アホか」みたいな感じのツッコミですよね。

それに対して最近のツッコミは、僕がせっかくわけわかんないことをやっても「塙さん、さっき楽屋で、すっごい難しそうな本を読んでましたよね」みたいなことを平気で言ってくる。

油断していると、ツッコミでボケを引き立たせるのではなく、ツッコミがボケを潰しにくる。「ツッコミが華」とはいえ、ボケづらい世の中になったものです。

そこへいくとサンドウィッチマンの伊達さんとかは、変わらず古いタイプですから、とても気持ちがいい。「お前はほんと馬鹿だな」みたいなストレートばかり投げています。

僕の理想は、一人でゴール前まで運んで、一人で決めてしまうようなボケ。だから、「うるせえよ」ぐらいのほうが、本当は心地いいんだよな。

Q90 「江戸漫才」と呼ばれる日が、来るでしょうか

ボケはライオンのプライド（群）におけるオスと一緒で、一つの群に一頭でいいんです。今のテレビ業界は、松本さんを筆頭に絶対的なボスが複数頭います。いや、未だに松本さんを中心に日本代表が成り立っていると言ってもいいかもしれません。

サッカー選手には引退がありますが、芸人は一度ポジションを獲得したら、なかなか引退してくれません。ボケ不遇の時代です。

僕は本来、ずっとボケていたいタイプです。メッシのようにボールが来るまでゴール前

でずっと待っていたい。余計なことはしたくないのです。

でも、松本さんや、くりぃむしちゅーの有田さんの番組に出演したら、あの二人は絶対に下がってくれませんから。こちらが下がるしかない。松本さんや有田さんにいいパスを出せなければ、僕らは注目されません。

番組は本当にサッカーチームに似ています。役割分担が大事なのです。有吉（弘行《ひろいき》）さんという点取り屋のいる番組には、有吉さん好みのパサーばかりがそろっています。平成ノブシコブシの吉村（崇《たかし》）君とか、サバンナの高橋（茂雄）さんとか。

二人も本来はボケですが、強力なフォワードがメインを張っているテレビに出るためにはミッドフィルダーにならざるを得ないのです。

天竺鼠《てんじくねずみ》の川原（克己《かつみ》）君が出現したときは、大器の予感がしました。でも、いまいち点が取れずに悩んでいるようです。誰もパスを出してくれないのです。

もう少し下がってパスをもらいに行くか、それでも今のポジショニングのままで押し通すか。難しいところでしょうね……。本当に難しい。

時代の変化もあると思います。昔は、松本さんや（明石家）さんまさんのようにボケのみでも許容される土壌がありました。ところが、今の時代、「ボケ専門」は空気の読めない芸人みたいな扱われ方をしてしまうことが多いんです。

こんな時代だからこそ、漫才界の常識を打ち破る、スケールの大きなボケに出てきて欲しいんですよね。

そのためにもM－1はいつまでも若手芸人の前に立ちはだかる壁であり続けて欲しいと思います。

関東芸人には高く、分厚い壁です。でも、この壁を打ち破ることができれば、時代を変えるボケになれます。お笑いスターになれます。

M－1は第二期、出場資格が結成一五年以内に延長され、経験豊富なコンビが幅を利かせる大会になりました。新しい武器を見つけても、昔ほど、通用しなくなったことは事実です。

でも探せば、きっとまだどこかにとんでもない武器が眠っているはずです。宝が埋まっているはずです。

ナイツにはそれができなかったし、そのチャンスもうありません。

今、漫才協会は有望な新人をどんどんスカウトしています。浅草の漫才、東京の漫才を、もっとメジャーにしたい。そして、いつか「上方漫才」の向こうを張って「江戸漫才」と呼ばれるような芸能に育てていきたい。

そのためにも、M－1における漫才の定義をぶち壊し、これも漫才だと、これぞ江戸漫才だと言わせるような強い関東芸人の出現を待ちたいと思います。

きっと彼や彼女たちがM－1で無念にも散った関東芸人の骨を拾い集めてくれることでしょう。

壮大な野望は、関東の後輩たちに託したいと思います。

そうだよ、お前のことだよ。

エピローグ「一〇年ぶりの聖地。俺ならいいよな」

二〇一八年、僕はM-1の決勝の舞台に帰ってきました。決勝進出は二〇一〇年が最後だったので、一〇年ぶりです。

もう一生、あそこへは戻ることはできないと思っていたのですが、審査員として呼んでいただいたのです。

審査員席のネームプレートに「ナイツ塙」とありました。感無量でした。

監督としてまた甲子園に帰ってきた、そんな気分でした。

甲子園が何度出てもいいものであるように、M-1のスタジオも何度足を踏み入れてもいいものでした。

幾多の夢を与えると同時に、幾多の夢を奪った場所。

他では味わえない静謐《せいひつ》な時間が流れていました。やはり、ここは漫才師の聖地だと思いました。

僕は一〇年分、歳《とし》をとりましたが、「初恋の人」は今も変わらずキラキラとしていました。

今、若い芸人が心の底から出たいと思える番組は、M-1ぐらいしかないのではないでしょうか。

僕が子どもの頃は、『オレたちひょうきん族』や『8時だョ！全員集合』がありました。少し大きくなったら『夢で逢《あ》えたら』や『ダウンタウンのごっつええ感じ』がありました。それらの番組では、芸人が輝いていました。好きなことをやっていたからです。

でも、時代が変わり、今は番組スタッフが内容を決めるようになりました。芸人はその指示通りに演じる人形です。おもしろいことを考える芸人より、おもしろそうに見える芸人が重宝がられる時代なのです。

普段、ネタを考えていない芸人のほうが使いやすいと思います。おもしろいことを思いつく芸人は個性が強過ぎるからです。

好きなことができるという意味では、『キングオブコント』や『R-1』などの賞レースも同じです。でも今回、改めて感じましたが、M－1のキラキラ感は別格です。二〇一八年、そのキラキラのど真ん中にいたのが霜降り明星でした。

霜降り明星のせいや君は、学生時代、いじめられていたそうです。でも、それを笑いで跳ね返し、芸人になりました。そういう過去を持つ人間の強さを感じました。

また、二人とも高校時代から、漫才をしていたと聞きました。その頃から、プロを意識していたのだと思います。

そのあたりの過去や経歴が僕とかぶるのです。彼らは若いですが、アマチュア時代も含めたら、芸歴はもう一〇年くらいになります。だから二〇一八年、最初のピークがきたのだと思います。

自分と似ていて、でも、彼らは僕ができなかったことをやってのけた。こいつら、すげぇなと思いました。そして、心からよかったな、と。

黄金の紙吹雪が舞う中、感極まる二人の姿を見つつ、ちょっと泣きそうになってしまいました。

僕にとってM－1は消したい過去でした。何度も触れましたが、一度もウケたことがないからです。あの出囃子が、呪いの音楽のように聞こえたこともあります。

番組冒頭、審査員として一言ずつあいさつをする機会がありました。隣の立川志《し》らく師匠が「（師匠の立川）談志が今降りてきてます」とおっしゃったので、僕も負けずに「内海桂子師匠がちょっと今降りてきてるんで」とボケました。アドリブです。

そうしたら、司会の今田耕司さんが「まだお元気ですから！」とすかさずツッコんでくれ、会場がどっと沸きました。

Ｍ－１の決勝の舞台で、初めてウケました。僕の初ゴールです。

ゴール前に詰めていたら、たまたま目の前にボールが転がってきたのです。僕は足を振るだけでした。いわゆる「ごっつぁんゴール」です。

でも、一点は一点です。

「四度目」の出場にして、初めてＭ－１と友だちになれた気がします。

お陰で胸のモヤモヤが一気に晴れました。長いこと、忘れたくても忘れられなかった負の記憶が一転、楽しいものに思えてきたほどです。

でも、忘れなくて本当によかった。今回、審査員をして、初めてそう思えました。

あまりの緊張に力を出し切れなかったコンビ。ウケずに打ちひしがれているコンビ。片方のミスでリズムが狂い険悪な雰囲気になっているコンビ。彼らの気持ちが痛いほどわかりました。

何度も出ても勝てない和牛の気持ちも想像がつきました。最終決戦の舞台で、一票も入らなかったジャルジャルの無念も伝わってきました。

審査員の依頼が来たとき、M－1で優勝はおろか、ウケたことすらない僕にその資格があるのだろうかと悩みました。審査される芸人は、納得しないのではないかと心配になりました。

でも、本番になったら、自信を持って点数ボタンを押せました。彼らの悔しさがわかるからです。

俺ならいいよな――。

そう思えたのです。

そして今、こう考えるようになりました。

M－1にまつわる思い出のすべてを一生、覚えておこう、と。

ナイツ塙 宣之（はなわ のぶゆき）

芸人。一九七八年、千葉県生まれ。漫才協会副会長。二〇〇一年、お笑いコンビ「ナイツ」を土屋伸之と結成。〇八年以降、三年連続でM－1グランプリ決勝進出、一八年、同審査員。THE MANZAI2011準優勝。漫才新人大賞、第六八回文化庁芸術祭大衆芸能部門優秀賞、第六七回芸術選奨大衆芸能部門文部科学大臣新人賞など、受賞多数。

聞き手 中村 計（なかむら けい）

ノンフィクションライター。一九七三年、千葉県生まれ。『勝ち過ぎた監督』で講談社ノンフィクション賞受賞。

言《い》い訳《わけ》 関東芸人《かんとうげいにん》はなぜM－1で勝《か》てないのか

集英社新書〇九八七B

二〇一九年 八 月一四日 第一刷発行
二〇一九年一二月一〇日 第八刷発行

著者……塙《はなわ》 宣之《のぶゆき》
発行者……茨木政彦
発行所……株式会社集英社
東京都千代田区一ツ橋二－五－一〇 郵便番号一〇一－八〇五〇
電話 〇三－三二三〇－六三九一（編集部）
〇三－三二三〇－六〇八〇（読者係）
〇三－三二三〇－六三九三（販売部）書店専用

装幀……原 研哉
印刷所……大日本印刷株式会社 凸版印刷株式会社
製本所……加藤製本株式会社

定価はカバーに表示してあります。

ISBN 978-4-08-721087-3 C0236 Printed in Japan

a pilot of wisdom

集英社新書　好評既刊

天井のない監獄 ガザの声を聴け！
清田明宏　0976-B
米国の拠出金打ち切りも記憶に新しいかの地から、UNRWA保健局長が、市井の人々の声を届ける。

地震予測は進化する！「ミニプレート」理論と地殻変動
村井俊治　0977-G
「科学的根拠のある地震予測」に挑み、「MEGA地震予測」を発信する著者が画期的な成果を問う。

歴史戦と思想戦――歴史問題の読み解き方
山崎雅弘　0978-D
南京虐殺や慰安婦問題などの「歴史戦」と戦時中の「思想戦」に共通する、欺瞞とトリックの見抜き方！

限界のタワーマンション
榊 淳司　0979-B
大量の住宅供給、大規模修繕にかかる多額の費用……。破綻の兆しを見せる、タワマンの「不都合な真実」！

プログラミング思考のレッスン　「私」を有能な演算装置にする
野村亮太　0980-G
自らの思考を整理し作業効率を格段に高める極意とは。情報過剰時代を乗り切るための実践書！

日本人は「やめる練習」がたりてない
野本響子　0981-B
マレーシア在住の著者が「やめられない」「逃げられない」に苦しむ日本とはまったく異なる世界を紹介する。

心療眼科医が教える その目の不調は脳が原因
若倉雅登　0982-I
検査しても異常が見つからない視覚の不調の原因を神経眼科・心療眼科の第一人者が詳しく解説する。

隠された奴隷制
植村邦彦　0983-A
マルクス研究の大家が「奴隷の思想史」三五〇年間をたどり、資本主義の正体を明らかにする。

俺たちはどう生きるか
大竹まこと　0984-B
自問自答の日々を赤裸々に綴った、人生のこれまでとこれから。本人自筆原稿も収録！

「他者」の起源　ノーベル賞作家のハーバード連続講演録
トニ・モリスン　解説・森本あんり／訳・荒このみ　0985-B
アフリカ系アメリカ人初のノーベル文学賞作家が、「他者化」のからくりについて考察する。